MÉMOIRES

PHILOSOPHIQUES

DU BARON DE ***

Chambellan de SA MAJESTÉ
L'IMPÉRATRICE REINE.

Lege, judica, non pœnitebit.

A VIENNE EN AUTRICHE,
Et fe trouve
Chez les principaux Libraires de l'Europe.

MDCCLXXVIII.

MÉMOIRES

PHILOSOPHIQUES.

AVERTISSEMENT.

CEs Mémoires ne font point l'hiftoire de ma vie, mais celle de mon cœur & de ma raifon. J'expofe aux yeux du Public mon incrédulité & ma foi. J'aurois dû écrire pour ma Nation, & dans fa langue; mais ce que je raconte s'eft paffé parmi les François; ils m'ont fourni les perfonnages que j'ai dépeints; eux feuls

peuvent bien juger de la ref-
femblance ; les modèles font
fous leurs yeux, & les copies
fe voyent prefque dans tous
les païs.

Il fera facile de voir que
mon Livre n'eft pas un Ro-
man; ce n'eft pas même l'ouvrage d'un Philofophe du jour.
Je fuis fans prétention; je n'a-
vance aucun paradoxe ; enfin
je n'écris point pour prouver
que j'ai de l'efprit, mais feulement pour prouver ce que

j'écris. Heureux fi je puis développer à mes Lecteurs les
refforts qui les meuvent à leur
infçû ; car nous nous reffem-
blons tous. Je ferai voir comment on fe repofe fur des
affertions qu'on n'a jamais ap-
profondies, comment les doutes nous retiennent dans une
apathie plus dangéreufe que
les vices, & peut-être que le
crime , parce qu'on ne fent
point le befoin d'en fortir. Que
ne puis-je montrer par mon

expérience, ce qui retarde ou
fufpend les effets de la raifon;
ce qui la réveille & l'affermit;
comment fur tout, l'on touche
quelquefois au but, lorfqu'on
s'en croit bien éloigné. Au
refte je n'écris que pour ceux
qui fans haïr la vérité, la né-
gligent ou la craignent. Ils
verront dans la fuite de ces
Mémoires ce qui la voiloit à
mes yeux, ce qui m'a fi long-
tems retenû dans mes doutes,
& ce qui m'a enfin décidé.

MEM.

MÉMOIRES

PHILOSOPHIQUES.

L'ENTREVUE

D'UN PHILOSOPHE.

JE fuis né avec un caractère fougeux & fenfible à l'excès. C'en eft affez, pour être plein de force & de foibleffe. S'il eft permis de fe donner quelques louanges, j'ofe dire qu'il étoit difficile de m'ôter un fond de droiture & une grande franchife. Naturellement porté à réfléchir, je fçus quelquefois m'arrêter au fort de mes paf-fions ; je confervois, j'écoutois mes re-mords, derniére vertu d'une ame droite & paffionnée. Inquiet & fans ceffe agité, pourfuivant & délaiffant tour à tour la vé-

A

rité, j'étois capable des plus grands efforts pour la chercher & pour la fuir. J'avois eû un Gouverneur athée ; j'eus des amis aimables & pervers. Je ne fçavois ce que je penfois, ce que je devois croire, ni même ce que je pourrois penfer un jour. Cette Philofophie qui me difoit : Votre Religion eft fauffe & pernicieufe, me fembloit elle-même funefte & peu vraifemblable ; elle ne produifoit que des doutes, féduifans dans l'yvreffe du plaifir, mais meurtriers dans la douleur. Je crus néanmoins qu'avec une façon de penfer fixe & déterminée, [fi je pouvois un jour l'acquèrir, de quelque genre qu'elle fut] je vivrois plus tranquille, & que je ferois peut-être heureux. Je ne pouvois me diffimuler que dans mes plaifirs les plus vifs, j'avois trouvé fouvent l'inquietude & l'ennui. Tantôt je me flattois qu'en regardant avec indifférence le fommeil du tombeau, l'on pouvoit avec des goûts légers paffer doucement fa vie ; tantôt je ne pouvois me perfuader, que fi la vie nous offre quelques douceurs, cette ame fi capable d'aimer & de fentir, feroit un jour anéanetie. Au milieu de ces contradictions, j'imaginai que les Philofophes de France avoient encore plus d'efprit, qu'on n'en trouve dans leurs Livres, & je réfolus d'aller les confulter. On me les avoit défignés fous le nom d'hommes univerfels, comme s'ils poffédoient éminemment toutes les fciences, & qu'ils puffent répondre à toutes les queftions qu'on leur fait. On m'avoit dit d'ailleurs qu'ils expliquoient clairement à leurs amis ce qu'ils écrivent fort obfcurément; je préfumois bien que je pourrois trouver dans leurs fyftêmes des reffources contre mes doutes, en perdant la crainte & le remords; mais je me flattois auffi de trouver une reffource plus chère à mon cœur, fi je découvrois un fyftême contraire, plus vraifemblable, & plus confolant que le leur. Enfin, je voulois, après avoir tout examiné, marcher fans regarder derrière moi, & me précipiter dans le bien ou dans le mal.

Tel fut mon projet, quand je partis d'Allemagne : il étoit grave, & je l'exécutai d'abord en homme frivole. Une vie affez diffipée me fit reprendre le goût du bel efprit. Comme j'étois recommandé à des perfonnes célebres, je fis des connoiffances qui flatterent mon amour propre. Séduit par des éloges, je voulus, s'il m'eft permis de parler ainfi, perfectionner à Paris, les ridicules que l'on me donnoit à Vienne, qui pourtant m'avoient acquis une forte de réputation. Je n'étois occupé que de ces petites penfées. Cependant je ne pus longtems perdre de vüe le deffein qui me conduifoit à Paris, & il fe préfenta bientôt une occafion de l'exécuter.

Un jour que j'étois feul dans ma voiture, paffant dans une place publique, j'apperçus à travers de grandes vitres, un perfonnage qui parloit comme on prêche; il avoit une foule de fpectateurs. J'arrêtai; je vis que j'étois à la porte d'un caffé; je defcends & j'entre avec précipitation. Soit que mon entrée parut un peu ſingulière, ou que l'on me trouvât un air étranger , tous les yeux ſe fixerent ſur moi, & le diſcours ceſſa. Je m'enfonçai dans une ſeconde ſalle où je jouis tranquillement du plaiſir d'avoir diſparu. Le même bruit recommença : au bout de quelques tems je rentrai dans la premiére ſalle; l'homme que j'avois interrompu, avoit repris ſon diſcours; mais il me fut impoſſible d'en découvrir l'objet. Il faiſoit alors une violente ſortie contre la Muſique Françoiſe; je l'entendis parler Medecine, Architecture, Aſtronomie; il retomba, je ne ſçais comment, ſur les Arts mécaniques : il avoit le talent d'enchaîner ſes phraſes, ſans montrer l'ordre de ſes idées : elles étoient quelquefois aſſez brillantes; leur éclat m'etonnoit. Je trouvois qu'il parloit à merveille, mais je ne ſçavois ce qu'il diſoit. Je ne l'écoutois plus, quand je jettai par haſard les yeux ſur un homme qui ſe tenoit à l'écart; il ſourioit, & certainément il n'avoit pas l'air d'applaudir. Sa

phifionomie étoit douce, fpirituelle; fon
air fimple & modefte me prévint en fa
faveur. Je m'approchai, pour lui faire
des queftions fur des chofes affez indifférentes. Ses réponfes m'enhardirent: nous
causâmes infenfiblement, comme fi nous
nous fuffions déjà vûs. Notre converfation
s'animoit; j'étois jeune, impatient; je ne
pus m'empêcher de lui ouvrir mon cœur.
Je lui fis part de mes doutes & de mes
peines, fans ofer cependant lui parler des
reffources que j'efperois trouver à Paris,
pour fixer les incertitudes de mon efprit.
Je fis des réflexions un peu mélancoliques;
il en tira des conféquences morales; nous
étions toujours d'accord : il paroiffoit ne
vouloir que m'écouter; mais je trouvois
dans le peu qu'il avoit dit de quoi lui
parler encore. Pour varier la converfation,
je lui demandai ce qu'il penfoit d'un ouvrage qui venoit de paroître, & qui faifoit
beaucoup de bruit. Je lui dis que je ne
l'avois pas lû. Il effaya de m'en donner
une idée; il répandoit tant d'agrémens fur

les chofes les plus férieufes, que je ne pouvois me laffer de l'entendre. La précifion
& la clarté de fes réponfes aux queftions
que j'eus l'indifcretion de lui faire, me firent juger qu'il étoit fans doute un des
Philofophes à qui je voulois m'adreffer.
Je lui fis part de mes projets, & croyant
faifir l'occafion de lui faire le compliment
le plus agréable, je lui demandai, fi en
m'adreffant à lui-même, je ne parlois pas
au Philofophe que je cherchois depuis
longtems.

Non affurément, me répondit-il, je
crois en Dieu, je refpecte les loix, j'aime
les hommes & je m'afflige du mal qu'on
leur fait.

Après une pareille réponfe, je n'ofai
convenir de l'admiration que m'infpiroit
la haute renommée des Philofophes modernes. J'avouai feulement que je defirois
de connoître un de ces hommes extraordinaires. Il m'affûra que mon empreffement
étoit trop vif, pour qu'ils échapaffent à
mes recherches, & que dans le fond je ne

ferois pas mal d'effayer de les voir de près. Vous pouvez même, m'ajouta-t-il, vous entretenir dans un moment avec un des plus célebres; il eft devant vos yeux; il parloit à tout ce monde quand vous êtes arrivé, & il parle encore. Quoi! m'écriai-je avec un tranfport qui le fit fourire, cet homme eft un de vos Philofophes? — Oui, affurément; vous croyez peut-être que je vous trompe? Dès qu'il fortira, vous pouvez le fuivre. Vous ferez bientôt un de fes amis, & même un de fes plus chers confidens.

Je ne crois pas, lui dis-je, que notre liaifon foit jamais très-intime. Mais vous, Monfieur, puis-je efpérer de vous trouver ici quelquefois? Il me dit qu'il y étoit par hafard. Il me demanda où je demeurois, & fur mes inftances il me promit de me venir voir inceffamment. Je l'affûrai que depuis que j'étois à Paris, je n'avois point encore paffé de momens plus agréables.

Pendant ce tems-là, le Philofophe ouvrit la porte. Je me préparai à le fuivre, après avoir affûré la perfonne que je quittois avec regret, de lui rendre fidelement ce qui fe pafferoit dans cette entrevue.

Je courus fur les pas de ce prétendu fage ; je l'abordai avec refpect. Homme célebre, lui dis-je, permettez à un étranger de vous approcher.

— Jeune-homme , apprenez que je ne connois point d'étrangers parmi mes femblables. L'Univers eft ma patrie; je voudrois éclairer les hommes, les rendre heureux, s'il étoit poffible... De quel pays êtes-vous? Quel eft votre nom ?

— Je fuis Allemand ; je me nomme le Baron de * **.

— Vous portez un beau nom ; il eft cher à l'Empire. Puifque votre naiffance vous approche du Trône, les amis du genre humain vous doivent une inftruction plus étendue qu'au commun des hommes. Je vois dans votre phifionomie que vous effacerez un jour la gloire de vos ancêtres. Avez-vous lû le fyftême de la nature ?

A 5

— Mon Gouverneur m'en a fait lire une partie ; il faisoit grand cas de cet ouvrage immortel.

— Comment s'appelle-t-il ?

— Monsieur * *.

— Ah! c'est un de mes Eleves. Sans vous en douter, vous êtes un de mes enfans ; c'est un hommage que vous venez me rendre. C'est moi qui ai donné ce jeune homme à M. votre père, pour veiller à votre éducation. C'est un homme de beaucoup d'esprit; il vous a souvent parlé de moi ?

— Oserois-je vous demander quel est votre nom ?

— Je m'appelle * *.

— Oh Ciel! il ne cessoit de me parler de vous ; il vous regardoit comme la lumière du monde.

— C'est un homme de génie aumoins que je vous ai donné, & que j'aime tendrement. Où est-il ?

— Hélas ! il est mort.

— S'est il tué ?

— Il eſt mort ſubitement.

— Ah j'entends! c'étoit un homme de courage. Je ſuis ravi de vous connoître; vous avez de bons principes, nous développerons les conſéquences... Mais, voici l'heure de la Comédie; ſi vous y allez, je ferai très aiſe de vous y accompagner.

— On ne peut qu'être flatté de l'entendre avec vous. Cette pièce fait du bruit... On aſſûre que ſes beautés, d'un ordre ſupérieur, ne ſaiſiſſent que les gens d'eſprit.

— On vous a dit vrai.

— Je le fais monter dans mon carroſſe. Nous voilà à la Comédie; Nous entrons dans une loge. J'avoue que j'étois ravi de me montrer en public avec cet homme célebre.

— Vous allez admirer un Drame excellent. Quel dommage, que Racine, Corneille & Molière, n'ayent pas vécu dans un ſiècle éclairé! leurs ouvrages, autrement penſés, auroient fini par être utiles.

— Nous avons toujours crû, nous autres étrangers, que le ſiècle de Louis XIV, avoit été la gloire de votre Monarchie.

— Oui, ce fiècle eut quelques hommes de génie; mais ces Génies, les préjugés vulgaires les rétréciffoient; la Nation étoit foible. Cependant nos fyftêmes étoient connus & même eftimés de quelques Grands; mais on ne les avoit point portés à ce degré d'évidence que nous leurs avons donné. Il y avoit peu de Materialiftes; la morale étoit fans appui; des préjugés barbares, un refpect fuperftitieux pour des opinions funeftes au bonheur des hommes, a la gloire des Lettres retenoient la Cour & la Province dans les ténébres de l'ignorance. La vertu étoit opprimée; on n'ofoit point écrire; à peine pouvoit-on penfer, & les âmes honnêtes gémiffoient de ne pouvoir communiquer leurs découvertes à leurs malheureux patriotes. Nous vivons enfin dans un fiècle de lumière; il n'y a plus de peuple.

— Cela eft glorieux pour votre Nation. Vos Citoyens font-ils meilleurs? Sont-ils plus heureux?

— Ils ont beaucoup plus d'efprit : ce qu'il y a de certain, c'eft qu'ils ont prefque tous une teinture de philofophie.

La toile fe leve ; la pièce commence ; les applaudiffemens me parurent très-légers ; mon Philofophe s'en apperçut avant moi ; car il s'écriai, & je fuis fûr qu'on l'entendit.

— Ce n'eft pas affez de faire un Drame ; il faudroit créer une Nation capable d'en fentir les beautés. Que de génie dans ces geftes ! dans ces mots entrecoupés !... Ce qu'on ne dit pas vaut mieux que ce qu'on dit. Eft-ce une poignée d'hommes qui peut juger une pièce Nationale ? Sophocle, Euripide, inftruifoient à la fois tout un peuple. La fermentation de toutes ces âmes réunies devoit produire un effet incroyable ; mais hélas ! l'on étoit à Athènes.

Dès ce moment il me fut facile de juger que l'Auteur de la pièce ne lui étoit rien moins qu'indifférent ; je louai beaucoup, & fur tout la derniere fcène. En

fortant, je lui demandai la permiſſion de
l'aller voir ; il parut y conſentir avec
joie, & nous convinmes du jour.

Arrivé chez moi, je ne pouvois revenir de ma ſurpriſe ; je commençois à
avoir des doutes ſur ces hommes de génie. J'eſſayois en vain de repoſer mon
eſprit. Heureuſement je ſentis mes yeux
s'appeſantir, & je me livrai au ſommeil.

LE DINER.

LE jour de mon rendez-vous avec le Philofophe arriva, & je ne fçavois trop fi je n'y manquerois point. Je defirois de paffer encore quelques heures avec cet homme aimable & fenfé qui m'avoit promis de venir me voir. Je craignois qu'il ne m'eût oublié ; mais bientôt il entra dans mon appartement.

— Eh bien, me dit-il, vous avez vû le Sage ? Qu'en penfez-vous ? Etes-vous content ? Votre raifon a-t-elle reconnu fon maître dans cet efprit dominateur?

— Je vous avoue que j'avois une autre opinion des chefs de la Philofophie. Rien n'eft comparable à l'orgueil de cet homme extraordinaire.

— Je vous ai indiqué le plus célébre ; je ne dis pas le plus modefte, mais on peut avoir des ridicules, & beaucoup de mérite. D'ailleurs j'efpère bien que vous l'approfondirez davantage ; il vous procurera le plaisir d'être introduit dans sa société.

— Il m'a prié de me rendre chez lui dans la matinée ; mais j'ignore si je serai aussi exact, qu'il le pense.

— Vous auriez tort ; allez-y, me dit-il, en souriant. Ces hommes ne sont dangereux que pour les esprits foibles ; c'est le nombre des sots qui les rend si redoutables. Observez bien ; votre conversation sera peut-être décisive ; l'issue ne peut qu'être heureuse, parce qu'en voyant de près leurs personnes, vous pourrez apprécier leurs ouvrages, sans les lire. Permettez-moi de venir vous voir demain, pour apprendre le détail de votre journée ; car j'y prend le plus vif intérêt.

Après avoir causé quelque tems, nous nous séparâmes avec le plus grand desir de nous revoir.

Je m'habille promptement, & je pars. J'entre chez mon Philosophe. Je le vois, comme un Monarque, entouré de ses courtisans. D'une parole, d'un geste, d'un clin d'œil il les congédie tous, & je me trouve feul avec lui.

— Ces hommes que vous avez vus font des infortunés pleins d'efprit & de talens : il fuffit d'être humain & d'avoir un peu de crédit pour être afliégé d'une foule de malheureux. Les Grands de tous les Royaumes me demandent fans ceffe des Gouverneurs pour leurs enfans. Je fais pour eux ce que j'ai fait pour vous. Je leur envoie ces jeunes gens que j'ai formés. Ils portent la lumière dans les différentes cours de l'Europe. Ce font les Miflionaires de la Philofophie. Ainfi je fers l'infortune & l'humanité ; car c'eft de l'éducation que dépend le bonheur des hommes. Avouez-le, vous me devez ces principes qui font aujourd'hui votre félicité ; votre efprit eft fans nuages ; votre raifon n'eft point troublée par mille préjugés ridicules ; enfin vous êtes heureux.

— Pas encore ; mais j'efpère de le devenir un jour.

— Voilà vraîment ce que promet là Philofophie ; mais la fageſſe n'arrive point à nous avec la rapidité de l'éclair. Ce n'eſt point ce coup fubit de l'électricité qui frappe, étonne & pénètre ; c'eſt le fruit d'une lente & profondé réflexion. Pour le bonheur du commun des hommes, une teinture légère de nos maximes fuffit ; mais pour nous, pour vous-même, il faut être Philofophe. Un Sage eſt un être bien rare ! Sçavez-vous que malgré les lumières qui fe répandent, il y a peu d'hommes réellement fupérieurs à cette multitude d'automates que nous voyons végéter dans une fucceſſion d'ignorance & de bètife héréditaires ? Il en eſt aujourd'hui qui fortent de la foule ; mais il falloit des fiècles pour amener une époque ſi mémorable.

— C'eſt l'ouvrage du génie : il eſt heureux pour les peuples dont vous formez les Maîtres, que vos dogmes foient utiles & raifonnables. Si par malheur vos maximes étoient pernicieufes ; ſi leur venin étoit encore aigri par ceux qui entourent les Princes ; le plus beau fang de l'Europe en feroit infecté. Mais votre doctrine fans doute rend les hommes plus vertueux, en les rendant plus éclairés.

— Je fuis enchanté de vous entendre parler ainfi ; je veux que vous diniez aujourd'hui avec quelques-uns des nôtres.

J'acceptai fa propofition. Une heure fonne ; nous montons en caroffe.

— Permettez que je m'arrête une minute fur notre chemin : je voudrois voir un de mes amis qui fouffre des douleurs incroyables. Vous ferez fort aife de le connoître ; fa conftance eft héroïque.

— La voiture s'arrête : je fus conduit dans un cabinet de livres, où j'apperçus un homme couché fur une chaife longue.

— Eh bien, s'écrie mon conducteur, en s'avançant vers lui, comment va le courage ?

— A merveille : mais je fouffre cruellement.

A peine fûmes nous affis, qu'il eut un violent accés de fciatique. Sa douleur parut extraordinaire; il pouſſoit des cris aigus, & je l'entendis pluſieurs fois s'écrier: *ah! mon Dieu! que je ſouffre!* Heureuſement le calme revint; il affecta d'être gai. Je crus pouvoir lui dire ſans le fâcher que j'étois étonné que le nom de Dieu fût ſorti ſi ſouvent de la bouche d'un Philoſophe.

— Pardonnez, me dit-il, c'eſt une diſtraction, une mauvaiſe habitude. Helas! m'ajouta-t-il, être homme & ſouffrir, c'eſt une même choſe. Les heureuſes combinaiſons de la matière peuvent bien former des eſprits d'un ordre ſupérieur; mais la nature aveugle & ſans diſcernement n'a pû encore exempter un Sage de la douleur.

L'air ſérieux, avec lequel il me parloit, m'étonna. J'étois tenté de croire qu'il étoit dans le délire. Que dus-je penſer de mon Philoſophe? Il applaudit ce diſcours & m'aſſûra que ces ingénieuſes réflexions devoient être regardées par un bon eſprit comme une eſpèce de dedémonſtration de la nonexiſtence de Dieu.

Mon introdu&teur s'approcha de ſon ami, & lui parla un moment à l'oreille. Comme l'heure nous preſſoit il prit congé de lui, & le malade n'eut que le tems de lui répondre d'une voix éteinte : je ſens que ma frêle machine ſe détruit ; mais je ſerai toujours votre ami juſqu'au moment où *je deviendrai rien.*

Nous partîmes pour aller diner. J'ignorois chez qui j'étois conduit ; mais par l'air de liberté qui regnoit dans la ſalle où j'entrai, par le ſervice même, je vis que les convives s'étoient raſſemblés chez un de ces Cuiſiniers publics que l'on appelle Traiteurs. On me préſenta ; je fus loué ſur mon éducation ; on ſe mit à table. Après avoir parlé long-tems du bien que faiſoient les gens de lettres depuis qu'ils écrivoient plus librement, un d'entr'eux remarqua, en parlant du livre de l'eſprit, que cet ouvrage, plus hardi que bien fait, avoit été cependant le fignal de la liberté, qu'on lui devoit peut-être les excellens écrits qui paroiffoient de tems en tems. Ce fut alors que j'entendis les éloges qu'ils fe donnoient mutuellement. Ils fe défignoient par les noms des anciens Philofophes aux quels, par une efpèce de bonhommie, ils joignojent le nom de frère. L'un s'appelloit Socrate; l'autre Pythagore; mon Philofophe fe faifoit appeller frère Platon.

Je ne pus m'empêcher de rire de cette Comédie, & j'examinois à mon aife les phyfionomies de fept à huit fages de Paris. Le moderne Platon parloit beaucoup & ne laiffoit pas tomber la converfation. Un des convives ayant dit que ce n'étoit pas une chofe aifée que de choifir un fyftême & de s'y retrancher, de manière à ne pouvoir être forcé dans fon pofte; pour moi, dit magiftralement mon Philofophe, je m'en ferois tenu volontiers à foutenir le *Déifme*; mais j'ai vû que l'on pourroit me conduire plus loin que je ne voudrois, & qu'il y avoit plus de reſſource a défendre *le Matérialiſme.*

Tout le monde fut de même avis, & le dernier qui parla, prétendoit qu'un homme qui étoit une fois Déiſte, couroit les riſques de paroîtr inconféquent, ou le danger inévitable d'être bientôt Chrétien malgré lui.

On ſe lève de table; je vois entrer l'homme qui nous apportoit le caffé avec un air ſurpris & effrayé.

Qu'avez-vous, lui dis-je? vous êtes bien ému. Ach*!* Monſieur, me répondit-il, dans cette rue, dans cette même maiſon, où dernierement M.*** ſe caſſa la tête d'un coup de piſtolet, je viens de voir un homme qui s'eſt jetté par la fenêtre.

Cette cataſtrophe ſanglante m'affeĉta ſingulierement; tout le monde m'examinoit; on loua ma ſenſibilité; un moment après mon Philoſophe me dit en me ſerrant la main d'un air grave & affeĉtueux: dans le fond, ces ſortes d'évenemens que le vulgaire appelle des malheurs, font les fruits d'une fageffe utile & profonde. Pourquoi plaindriez-vous des hommes qui cherchent dans le néant le repos & la fin de leurs calamités.

— Eh, Meffieurs, m'écriai-je, où eft donc la devife Philofophique, l'humanité?

L'humanité eft dans nos cœurs; mais la foibleffe eft dans le vôtre : apprenez que fi nous diftribuons la fageffe, nous donnons auffi le courage. Telle eft la puif-fance de la vertu. Avant que nous euf-fions inftruit la terre, les hommes étoient dans une léthargie honteufe, dans une ef-péce de barbarie. C'eft un fait conftant; il y a trente ans que perfonne n'ofoit fe tuer, ou du moins l'exemple en étoit rare. On fouffroit, on crioit, on ne pou-voit fe réfoudre à mourir. Depuis que nos principes font en vigeur, je n'exagère rien, oui, dans cette Capitale, dans ce feul mois, dix perfonnes au moins, fe font tuées, toutes de ma connoiffance, &

gens

gens de beaucoup d'efprit; nous leur communiquons cette fermeté d'ame, cette heureufe irréligion, qui bannit des préjugés plus terribles que la mort même. Inébranlables dans nos principes, tant qu'ils jouiffent des plaifirs, ils laiffent en eux penfer la matière; mais fi elle ne leur donne que de la douleur; ils la décompofent, tranchent les organes de la vie, & détruifent le mode penfant.

— Socrate & Platon auroient donc paffé follement toute leur vie à croire que leur ame étoit immortelle?

— Eh! fans doute; c'étoit l'erreur & la chimère des anciens Philofophes.

Permettez-moi de vous faire une queftion, vous enfeignez aux hommes les moyens d'être heureux? mais votre bonheur n'eft point inaltérable; dans les malheurs imprévûs, vous fervez-vous de la force de votre efprit? Les chefs de la Philofophie fe tuent-ils quelquefois? J'ai vû ce matin un Sage infortuné; j'ai entendu

B

crier fa vertu. Il me paroît qu'il préfere fon mal au néant.

— Il fe tuera peut-être, reprit le Philofophe; la queftion l'avoit furpris; il ajoûta avec un air d'enthoufiafme: ceux qui vous enfeignent à méprifer la vie ont auffi plus de force pour fupporter les maux qui accablent les hommes ordinaires. Eh! que deviendroient ces foibles hommes, s'ils n'avoient des maîtres qui leur apprif-fent à mourir.

— Je baiffois les yeux & méditois ma fuite. Heureufement un des principaux de l'affemblée entama une differtation intitu-lée : *La mortalité de l'ame.*

Ce fermon Philofophique fit une diver-fion foudaine qui favorifa ma retraite. J'ignore fi le Sage m'attendit, & encore plus le mal qu'il put dire de moi.

LES PRÔNEURS.

LE lendemain je réfléchiſſois ſur tout ce que j'avois vû; j'étois bien éloigné de trouver le calme que je cherchois. Les dernieres ſcènes dont je venois d'être témoin, me donnoient une idée médiocre de la plûpart de ces hommes célébres, & je croyois fermement avoir fait avec eux un divorce éternel. J'attendois celui qui me les avoit ſi bien dépeints; ſes conſeils m'avoient paru ſages, & je ſentois naître pour lui cette confiance ſi douce qui précéde toujours une tendre amitié. Il arrive; vous me paroiſſez plus gai, me dit-il.

— Cela eſt vrai. Je lui racontai mon aventure. Il entendit ce récit avec plaiſir; mais lorſque je lui appris la raiſon pour laquelle ces intrépides Philoſophes n'oſent point attenter à leur propre vie; il ne pût s'empêcher de rire. — Je ne dois pas, me dit-il, vous laiſſer ignorer un évenement

très singulier. Un des Chefs du *Philoso-*
phisme, tenoit dans sa maison pour ses plus
intimes amis une école d'athéisme. Ses
enfans croissent au milieu de ses systêmes.
La plus jeune de ses filles, attentive aux
leçons paternelles, gravoit dans son esprit
les maximes qu'elle entendoit sans cesse
répéter. Son âge, encore tendre, sem-
bloit devoir la garantir de toute impres-
sion funeste. Un jour cependant, la tête
encore pleine des sermons sur le *Suicide*,
qui venoient d'être prêchés dans le consi-
stoire Philosophique, elle se retire dans
son appartement, hors d'elle-même. ,, A
,, peine née, dit-elle, à une de ses fem-
,, mes, je déteste la vie; il n'est rien de
,, si courageux, rien de si sage, que de
,, trancher le fil de ses jours, quand ils
,, font notre tourment. Ah! ma chère
,, amie, si tu avois entendu tout ce que
,, dit mon père! Combien il est applaudi
,, par tous ceux qui l'écoutent! pour moi
,, j'en suis si frappée, que si je trouvois

„ dans ce moment un piſtolet, je le ſaiſi-
„ rois avec joie pour m'arracher la vie."

La confidente demeure immobile. „ Tu
„ ſembles avoir peur, ma chère amie,
„ continua le Philoſophe enfant; ah! ſi
„ tu ſçavois tout ce que je ſçais; tu te
„ tuerois peut-être avec moi."

— Oh! pour cela, non, Mademoiſelle;
je n'ai pas aſſez d'eſprit.

Vous jugez bien que l'on fut très-em-
preſſé d'apprendre aux parens toutes les
circonſtances d'un pareil entretien. La
mère fut effrayée; le père fut ſaiſi d'admiration : Je veux voir, s'écria-t-il, juſqu'où la force de cet eſprit peut être portée. Il donne des ordres. On poſe un piſtolet ſur une table, dans un paſſage de
la maiſon que ſa fille fréquentoit. Vous
penſez bien qu'il ne s'y trouvoit ni poudre
ni balles. Trois jours ne furent pas écou-
lés, que ſa fille en paſſant apperçoit le
piſtolet; le ſaiſit, l'appuie contre ſon front,
tire & tombe dans les bras des femmes

qui avoient ordre de fuivre tous fes pas. Elle étoit animée d'un mouvement fi violent, elle étoit fi frappée de fon action, qu'en tombant elle répétoit fans ceffe: ,, Je fuis morte, heureufement je ,, fuis morte. ''

Vous me demanderez fans doute qu'elles furent les fuites d'un mouvement fi étrange? L'image de la mort étoit imprimée dans fon âme; la phrénefie s'en empare; le lendemain elle expire dans les bras de fon père.

— Voilà une cruelle hiftoire, & une bien douce Philofophie.

— N'importe, il faut tout approfondir; il eft néceffaire que vous connoiffiez ces perfonnages fi accrédités. D'ailleurs la gaîté que ces fages fort plaifants vous ont procurée, doit encore vous faire defirer de vous trouver avec eux.

— Quels confeils me donnez vous? Je me fuis trop dévoilé. L'indignation m'a fait commettre une imprudence que l'orgueill ne pardonne jamais.

— C'eſt une raiſon, pour qu'ils cherchent à vous attirer dans leur parti; ils craindront les ridicules que vous êtes en état de leur donner; & s'ils penſent que vous pouvez être utile au Philoſophiſme; tous leurs ſecrets vous ſeront dévoilés: le caractère diſtinctif de ces beaux eſprits, eſt d'être peu circonſpects, par un excès de vanité; la confiance qu'ils ont en eux-mêmes, eſt ſi aveugle, qu'elle leur permet à peine de réfléchir; ils ne doutent de rien.

Il me parloit encore; j'entendis annoncer le Philoſophe que j'avois quitté la veille aſſez bruſquement. Jamais ſurpriſe ne fut ſemblable à la mienne; mon ami me dit avec précipitation, que cet homme le connoiſſoit & qu'il ſouhaitoit que notre liaiſon lui fut cachée; il s'échappoit par une porte de dégagement, quand le Philoſophe entra.

Qu'êtes-vous donc devenu, s'écria-t il
du feuil de la porte ? vous avez difparu
comme un efprit ; je ne puis vous rendre
les regrets que vous avez laiffées, & moins
encore les éloges que nous n'avons ceffé
de faire de vous.

Je le remerciai affez froidement ; j'ignore quel étoit fon deffein ; mais il me fit
plufieurs queftions qui me parurent infi-
dieufes ; il s'apperçut enfin que fes difcours
faifoient fur mon efprit une impreffion
contraire à fon attente ; cet homme extraordinaire étudioit tous mes mouvemens,
& je le vis tout-à coup changer de perfonnage ; il répandoit plus d'agrémens dans
fes propos ; l'emphafe de fes difcours difpa-
rût. Cette morgue fuperbe qui accompagne prefque toujours les chefs de fecte,
fut remplacée par un air d'enjouement &
de candeur ; je ne le reconnoiffois plus ; je
crus avoir à mes côtés un homme nouveau ;
le caractère de cette efpèce de Prothée
m'effrayoit ; mais je fus bientôt raffûré ou

féduit par l'illufion de fon art, & par les charmes d'une feinte douceur.

Il me racontoit les anecdotes du jour & les aventures les plus plaifantes ; il me peignoit les plaifirs avec tous leurs attraits. Cet homme adroit s'effayoit fur mon ame, & jugeoit à merveille des coups qu'il me portoit. Il me propofa d'égayer ma jeuneffe par le fpectacle du monde le plus brillant ; il me dit plufieurs fois que j'étois fait pour le connoître, & plus encore pour en être connu ; que c'étoit la meilleure école pour un Philofophe ; que je trouverois, fur-tout dans le commerce des femmes, cette politeffe fi néceffaire pour adoucir nos mœurs & donner à l'efprit les graces & le fentiment qui caractérifent l'homme vraiment aimable , & l'écrivain poli. Il m'offrit adroitement de m'introduire chez une femme de la Cour de haut parage. Le moment eft heureux, m'ajouta-t-il ; aujourd'hui même, elle raffemble chez elle les plus beaux efprits de la France.

Vous y verrez auffi les perfonnes les plus qualifiées de ce Royaume. Vous jugerez par vous-même des hommages qu'elles rendent au génie.

Quelque defir que j'euffe d'accepter fa propofition, je crus que les bienféances exigeoient que je me fiffe annoncer à la femme importante dont il me parloit.

— Vous ignorez fans doute nos ufages & les droits qu'on nous donne. Vous connoîtrez la maniére dont nous vivons dans cette Capitale. En attendant, venez avec moi & repofez vous fur ma parole. Votre timidité m'étonne, ajouta-t-il; votre naiffance vous place aux premiers rangs, & le titre que nous vous donnons d'un de nos amis, vous élève au-deffus de tout; cependant pour vous plaire, je confens à écrire à Madame ***. Il écrivit & me fit la lecture de fa Lettre. Il me donnoit des louanges exceffives; en vérité, lui dis-je, vous étes trop honnête; tant d'éloges m'humilient & me furprennent; à peine ai-je

l'honneur d'être connû de vous. Il me falloit une réponfe.

— Vous nous connoiffez bien moins encore. Ecoutez, reprit-il, je fuis l'homme
de France le plus vrai; fachez que jamais
nous ne nous trompons, & qu'entre nous
autres Philofophes, nous fommes depuis
long-tems dans l'habitude de nous deviner.
Je vous conduifis hier dans un repas de fociété. Nos affaires & l'amitié nous raffem-
blent de tems en tems; la liberté & l'enjouement préfident à cette affemblée. Vous
n'avez pû en juger encore; nous étions
hier fort peu de monde, & les convives
les plus aimables ne purent s'y trouver;
mais aujourd'hui vous nous verrez fur un
théâtre différent. Si nos occupations &
nos ouvrages nous permettoient de nous
livrer aux inftances des perfonnes titrées &
les plus opulentes, noûs compterions nos
jours par des fêtes; mais ce genre de vie
n'eft guère analogue à nos travaux. Comme il eft cependant néceffaire que nous
nous communiquions à tous les Etats,

afin de favorifer la propagation de la philofophie, nous avons choifi différentes maifons pour nos affemblées. Nous donnons
par là à ceux qui nous reçoivent un brevet d'illuftration. Nous voyons avec plaifir plufieurs femmes de la Cour ; mais nous
ne dédaignons point une certaine claffe de
femmes, qui ne font pas à beaucoup près
d'un rang fi élevé ; ce font des femmes
comme il nous les faut.   .

— C'eft-à-dire qu'elles ont infiniment
d'efprit ?

— Non , mais nous leur perfuadons
qu'elles en ont beaucoup, & dans le fond,
comme nous fommes toujours d'accord
avec elles, cela revient au même ? Au fait
leurs maifons font les nôtres, & des points
de réunion ; mais notre art ne fe borne
point à leur perfuader qu'elles ont de l'efprit , nous l'affûrons au public qui nous
croit. Vous êtes étonné peut-être que nous
faffions des femmes d'efprit ? vous le ferez
bien davantage , quand je vous dirai que

nous avons auffi le pouvoir de l'ôter aux hommes qui en ont le plus. Nous parlons devant le peuple, & à notre parole, on eft un fot ou un homme de génie. Ce qu'il y a de certain, c'eft que nous avons beaucoup de reconnoiffance pour ces Dames. Nous leur faifons part de notre célébrité, & par un retour bien jufte, elles partagent leur fortune avec nous. Plufieurs des nôtres ont fait des livres uniquement pour en célébrer quelques-unes, & fi les ouvrages de ces Philofophes avoient pû vivre, elles euffent été immortelles.

Je ne finirois pas, fi je racontois tout ce qu'il me dit. On apporta la réponfe au billet qu'il avoit écrit. Il ne fe peut rien imaginer de plus honnête que l'invitation que je reçus. On m'attendoit avec impatience.

— Eh bien, s'écria le Philofophe, me croirez-vous une autre fois ? Je vous préviens que vous verrez la femme du monde la plus aimable : veuve depuis quelques années, elle eft encore à la fleur de fon âge. Sa haute naiffance & fes grands biens la mettent a même de raffembler dans fa maifon une compagnie diftinguée. La douceur de fon commerce & fes graces fixent tout le monde auprès d'elle. Elle joint à la beauté une phifionomie pleine d'efprit & d'intérêt.

A peine une heure après-midi fut-elle fonnée, que je preffai mon conducteur de nous mettre en chemin. Nous entrâmes dans un hôtel immenfe. Le nombre des valets, la magnificence & le choix des ameublemens annonçoient la richeffe & le goût de la maîtreffe de la maifon. On me dit les chofes les plus obligeantes, & l'on m'ajouta plufieurs fois que l'on defiroit vivement que je regardaffe cette maifon comme la mienne. Tandis que nous parlions, les portes s'ouvroient à chaque inftant. Tous les convives arriverent, & bientôt deux falles furent remplies d'hommes & de femmes de la plus haute diftinction. Je reçus de tout le monde les complimens que l'on eſt dans l'uſage de faire à Paris aux étrangers d'un certain rang.

Le dîner fut auſſi ſomptueux qu'agréable ; il fut encore égayé par l'harmonie des hautbois & des clarinettes. La maîtreſſe de la maiſon avoit attendu quelques inſtans un homme célèbre. Elle parut ſurpriſe de ſon peu d'exactitude ; bientôt nous le vîmes paroître ; il s'avançoit au milieu de la plus nombreuſe compagnie ; comme s'il eût couru à travers champ, ſans avoir l'air de ſoupçonner qu'il y eût un ſeul homme autour de lui ; il levoit les mains au ciel, en s'écriant : quel prodige ! qu'ai-je vû ! qu'ai-je entendu ! eh bien, Monſieur, lui dit-on, qu'avez-vous donc vû ? Point de réponſe ; il paroiſſoit ne rien voir, & ne rien entendre ; enfin il prononça ces paroles : quel ouvrage ſublime ? quel opera comique ! Après ces longues exclamations, paroiſſant revenir à lui-même, pardonnez, Madame, des mouvemens fi extraordinaires, dont je ne fuis pas le maître. Je fuis encore tranfporté, enyvré d'admiration. Quel Poëte, Madame ! quelle découverte pour nous ! S'il en faut juger par fon aurore : fon midi étonnera la Nation, l'Europe, l'Univers.

Je le connois, dit un autre Philofophe ; c'eft un génie unique ; c'eft la chaleur de Sapho ; ce font les grâces d'Anacréon.

J'ai donc bien eû raifon, dit un troifième prôneur, de l'annoncer ; j'ai écrit quelque part que c'étoit à l'apparition de ce phénomène littéraire que la poëfie en France commençoit à faire époque. Son porte-feuille eft rempli de Tragédies incroyables : mais fon Opera ! fon Opera Comique !

Un fentiment d'admiration fe répandit dans toute l'affemblée; on faifit ce moment pour dire à Madame *** que le plaifir qu'on avoit goûté étoit trop vif, pour qu'on n'eut pas été occupé du foin de le lui faire partager. On affûra que l'Auteur étoit chez lui, & que certainement il viendroit volontiers lui faire hommage de ſes talens. Sur le champ on donna ordre de préparer une voiture ; le dîner commençoit à paroître long ; le Poëte arrive ; Madame * ** ſe lève de table avec précipitation ; on la ſuit ; on entoure le faiſeur d'Opèra ; tout le monde lui parle à la fois ; on le porte, pour ainſi dire, dans le cabinet d'aſſemblée. Le chantre nouveau-né ſe fit entendre. Dès la première ſcène on fût en extaſe, & à la fin du premier Acte tout le monde ſe levoit, geſticuloit, parloit ſi fort, que je ne pûs m'empêcher de rire, aux riſques de paſſer pour un barbare. Heureuſement je n'étois pas le ſeul , & je fus ravi d'appercevoir un homme qui oſoit en faire autant. Il m'avoit déjà paru le plus ſenſé de la compagnie. Enfin la pièce finit ainſi que les applaudiſſemens. L'introducteur du Poëte l'invita à prendre congé, afin que l'on pût parler de lui plus à ſon aiſe. Le modeſte Auteur ſe retira. A peine fut-il ſorti, que nos Philofophes nous donnerent une feconde Comédie.

La premiere fcène fut ouverte par ce-lui qui avoit préfenté le grand homme du jour.

— Vous l'avez vû, Madame; vous l'a-vez entendu; fans doute, Meffieurs, vous partagez mon enthoufiafme?

En même-tems que je l'admire, reprit un autre perfonnage, mon cœur eft dé-chiré par le fouvenir de fon indigence. Des deux extrémités de la Salle j'entendis des voix qui fe répondoient alternative-ment? Celui-ci s'écrioit: Quelles grandes images! Quelle infortune s'écrioit l'autre. — Quelle conduite dans fa pièce! — Quelle conftance dans fes malheurs! Dans l'inftant tous les Philofophes fe lèvent & s'écrient tous enfemble, l'honneur de la Nation eft compromis; il faut faire un fort à un homme auffi rare. Chaque particulier de l'affemblée voulut fe réferver le plaifir de faire fa fortune. On promit des places,

des emplois , des penſions. Mais toutes
ces promeſſes n'étoient que des paroles.
Nos philoſophes les apprécioient en eux-
mêmes à leur juſte valeur.

Il faut , dit l'un d'entr'eux , faire une
grande quête pour ce grand homme.
Cette idée plût à tout le monde ; alors.
Madame *** prit la parole.

On prie , dit-elle , tous les Auteurs qui
ſe trouvent ici , de ne point partager avec
nous le plaiſir d'une ſi belle action. Leur
gloire eſt de découvrir le mérite , & la.
nôtre , eſt de le récompenſer.

On applaudit à ce diſcours. , & l'honneur de quêter fut réſervé à celui qui
avoit amené l'Auteur. Il ſe ſaiſit d'un
large chapeau les Spectateurs l'entourerent ; il commença ſa ronde en diſant :
donnez, Meſſieurs; c'eſt pour mon Poëte
Bearnois. Tout le monde s'empreſſe ; les
uns donnent quatre louis ; les autres dix ;
d'autres vingt, & pluſieurs en promettent
cinquante. En un mot la quête fut por-

tée à quatre cens louis. Ce qui me parut le plus plaifant, ce fut le rôle de cet homme que j'avois trouvé fi raifonnable; c'étoit un Fermier général. Quand le chapeau *récipient* arriva vis-à-vis de lui, il fit une grande révérence, & s'adreffant à Madame *** , il lui dit avec beaucoup de gravité: trouvez bon que je ne donne rien; & que dans cette occafion, je m'empreffe d'imiter ces Meffieurs; ils m'en aimeront moins; mais ils m'en eftimeront davantage.

En vérité c'eft s'acquérir l'eftime à trop bon marché, dit Madame de *** ; je fuis convaincue qu'il plaifante.

— Non, Madame, je ne plaifante pas: quoique je n'aye jamais été Auteur, je fuis fort aife d'être traité comme un homme d'efprit.

Mon pauvre Fermier général effuya bientôt une grêle de farcafmes; j'en entendis même de très-durs. Enfin, leur dit-il, vous me forcez, Meffieurs, à le publier ; fçachez que j'ai fourni hier à deux quêtes confidérables ; l'une en faveur d'une veuve accablée d'enfans ; l'autre pour un homme fans reffources , dont la maifon vient d'être totalement incendiée

Quelle différence ! s'écria le Philofophe quêteur ; il eft bien queftion ici de votre Veuve & de votre Brûlé ; il s'agit d'un grand écrivain, & qui plus eft, d'un écrivain Philofophe, qu'il faut mettre à portée de paroître dans le monde, pour y plaire & le réformer ; fur le champ il détourne fièrement fon chapeau, & continue fa ronde.

Rien n'eft fi puiffant que l'exemple ; je m'apperçus que la quête fe rallentiffoit : heureufement pour les fonds de l'Auteur, cet homme bizarre fut un des derniers auxquels on s'adreffa. Pour moi, je m'accufe d'avoir mis vingt louis dans le chapeau , & je m'accufe furtout d'avoir trop écouté mon introducteur , lorfqu'il me difoit à l'oreille que je ne pouvois en donner moins.

Je m'échappai dans le tumulte des éloges. Je defcendois ; je vis l'intrépide Fermier général qui me fuivoit.

— Eh bien ! Monfieur le Baron ; que penfez-vous de cette Comédie?

— Hélas! je penfe comme vous ; mais je n'ai pas agi de même... — Au refte, m'ajouta-t-il, je connois ces Meffieurs, & plus encor le nouvel écrivain ; j'avois déjà oüi dire que fa pièce étoit déteftable. Je me croirois honoré de pouvoir être utile à un Auteur eftimable ; mais celui-ci n'a d'autre mérite que d'être le bas valet de ces Meffieurs, & le partifan le plus fanatique de la Philofophie de nos jours. Nous nous quittâmes ; feul & livré à moi-même, je ne penfois guère aux extravagançes que je raconte ; j'étois occcupé de Madame de * ** ; je me rappellois fes propos obligeans, fes graces, la vivacité de fon efprit, fa politeffe fimple & fans art, tout m'enchantoit en elle ; fa maifon dans la fuite fût celle de Paris que je fréquentois le plus; je la voyois presque tous les jours; j'aimois tout ce qu'elle aimoit, & plus je la connoissois, plus je chérissois le Philosophe qui m'avoit lié avec elle; comment cet homme ne m'eut-il pas séduit? Ses soins officieux prévenoient tous mes desirs; il me parloit toujours de Madame de *** & je ne pouvois ignorer qu'il lui parloit sans cesse de moi; j'oubliai presque l'unique objet qui m'avoit conduit à Paris; j'avoue néanmoins que j'étois souvent inquiet & agité; quelquefois même je questionnois mon Philosophe sur des matiéres sérieuses; j'étois peu content de ses ré-ponses qui cependant me tourmenterent dans la suite; mais il connoissoit mon foible, & j'écoutois volontiers tout ce qu'il me disoit; je lui témoignois même alors la plus intime confiance; un jour enfin il me dit: que vous êtes heureux! il ne manque à votre félicité que de bannir entièrement de votre esprit des fantômes & des doutes ridicules qui ne conviennent point à un homme éclairé; j'ai reconnu en vous l'ame d'un Philofophe, & fi vous connoiffiez vos forces ; vous joûriez un jour le plus grand rôle. Oui, continua-t-il avec un air d'enthoufiafme, vous pourriez nous aider à confommer une opération que nous meditons depuis bien des années; il s'agit de réformer toutes les têtes.

— Je ne pus m'empêcher de rire & de convenir que le projet étoit vafte.

— Point de compliments me dit-il; point de plaifanteries ; vous ne foupçonnez pas l'importance, la fageffe de nos vües, la grandeur de nos deffeins. Il eft queftion du bonheur des hommes; tout nous affûre que cette grande époque eft réfervée au fiècle où nous vivons.

Depuis près de trente ans, les lumières fe répandent fur notre glôbe. La doctrine que nous annonçons à l'univers eft palpable; nous le rappellons à la nature; hors d'elle point de vérité ; & pour exécuter une converfion univerfelle, nous ne voulons employer que la feule raifon de l'homme:

me: la raifon & la nature, voilà les Dieux de la Philofophie. Rendons nos fembla-bles heureux; renverfons les préjugés des Nations; étouffons une Religion barbare & funefte à la fociété; donnons un frein à l'autorité des Rois, & peut-être forcerons nous un jour ces Defpôtes de la terre, à fe précipiter de leur trône pour fe confondre avec leurs fujets, en leur rendant cette liberté primitive qui fait le vrai patrimoine de l'homme. Ah! Monfieur, m'ajouta-t-il, quelle gloire pour vous, de coopérer à ce grand ouvrage! Attendez-vous à être regardé par nos derniers neveux, comme un des premiers Légiflateurs du monde & comme le Bienfaiteur de l'humanité.

— Je ne fais pas, lui dis-je, fi vous voyez bien; mais il faut avouer qu'on ne fauroit avoir des projets plus ambitieux. Vous voulez entreprendre la conquête de tous les efprits, & vous affujettir les Rois! Je ne doute point du pouvoir de la Philofophie; mais trouvez bon qu'avant

C

de m'affocier à vos fuccès, je m'en tienne
uniquement à votre première promeffe.
Vous affûrez que la pratique de vos maximes fuffit pour nous rendre heureux. Hé
bien ! je ne viens ici que pour effayer vos
principes ; je cherche le bonheur , & fi
je reçois jamais de votre Philofophie un
don fi précieux ; je profefferai hautement
votre doctrine.

Vous parlez à merveille. C'eft précifément ce que je dis. Vous ferez heureux,
& le plus heureux des hommes. Regardez-
nous : toujours fereins & tranquilles , le
cours des événemens n'altère point notre
paifible bonheur. Nous ne fommes tour-
mentés que par le zèle & l'amour de la
gloire ; j'avoue que fouvent c'eft une efpèce de fupplice pour nous. Au refte nos
maximes bien conçues, nous mettent au-
deffus de tout, & s'il étoit poffible que
nous devînffions méchants & pervers ; elles
feroient taire les remords, inutile tourment
d'une ame fans force & fans vertu.

Ces dernières paroles m'épouventerent;
il s'en apperçût, & dans la crainte de
m'infpirer des fentimens défavorables à fa
Philofophie, il ne ceffa de me parler de
l'excellence de la vertu; il me raconta les
plus beaux traits d'humanité, & me fit
obferver que tous les héros qu'il m'avoit,
cités, fortoient de fon école.

LES SATURNALES.

LE charlatanifme en tout genre fut toujours méprifable; mais ceux qui l'exercent font quelquefois amufans.

Ne m'arrêtant, pour ainfi dire, qu'à la fuperficie de mon âme, je me croyois moins malheureux; les objets dont j'étois environné prêtoient à l'illufion; je me plaifois moi-même à l'augmenter. J'étois dans cette difpofition, quand je reçus une lettre de Madame ***. Elle partoit pour fes terres, & me preffoit d'aller jouir avec elle des agrémens de la faifon. Elle peignoit les plaifirs de la campagne avec un naturel, avec une fimplicité fi douce & fi vraie, qu'elle m'infpiroit du dégoût pour la Ville. Elle me parloit d'une fociété charmante, & la fienne me fuffifoit. Je lui mandai que je m'emprefferois de la fuivre, dès que j'aurois rempli quelques devoirs indifpenfables.

Mon Ambaſſadeur ne m'avoit point encore préſenté à la Cour. Je hâtai le moment de remplir ce devoir, & je me rendis
chez Madame de * * *, lorſque j'eus offert
mes hommages au Roi, & à l'auguſte
fille de ma Souveraine. Je comptois n'y
reſter qu'une quinzaine de jours; quatre
mois s'écoulerent, que j'y étois encore.
Une ſociété aſſez nombreuſe ſe renouvel-
loit ſans ceſſe au moyen d'un voiſinage
peuplé d'hommes & de femmes d'un commerce agréable. Parmi les perſonnes de
Paris qui étoient venues dans cette déli-
cieuſe campagne, je retrouvai mon prétendu ſage. Il avoit été amené par M. le
Comte de * * * qui paſſa huit jours avec
nous. Le Philoſophe s'apperçut bientôt
de mon intimité avec toutes ſes connoiſ-
ſances, & ſes attentions pour moi redou-
blerent ; il a cependant toujours ignoré
que Madame de * * * étoit bien éloignée
de le placer au rang de ſes amis; il étoit
parfaitement connu ; on le voyoit ſans
doute avec plaiſir ; mais on craignoit de

le voir trop. Le caractère de Madame de *** étoit dans le fond folide & vrai. Perfonne n'ignore que Paris eft le lieu du monde, où l'on met le plus de différence entre un ami & une connoiffance.

Vous jugez bien que ce Sage entreprit de me développer une partie de fes fyftê-mes fur la politique, la Religion, la Lit-térature, enfin fur l'univerfalité des cho-fes; car l'Encyclopedie marche toujours avec ces Meffieurs. Il m'attendoit à Paris, difoit-il, pour m'inftaller au rang des Sa-ges; mais étant, comme je l'ai dépeint, un des hommes de France les plus adroits, il s'aperçut bien que j'étois alors occupé trop agréablement pour me livrer à ces fpéculations, & il crût qu'il étoit à pro-pos de renoncer à me faire goûter fes difcours Philofophiques. Auffi me difoit-il fouvent que j'étois trop jeune & trop dif-fipé pour un homme à réflexions profon-des; c'étoit cependant dans des momens d'humeur qu'il me parloit ainfi; car il

m'affûroit qu'il ne me perdroit pas de vue,
& qu'il renvoyoit l'exécution de fes projets à des tems plus heureux.

Ce feroit fans doute ici le moment
de parler d'une aventure qui a le plus in-
flué fur les réfolutions que j'ai prifes dans
la fuite ; mais j'ai prévenu que ces Mémoires étoient moins l'hiftoire de ma vie,
que celle de mon efprit & de ma raifon.
On imagine affez que toujours inquiet &
indécis, parvenu à la force de l'âge &
des paffions, je dûs éprouver toute leur
violence : il me fuffit de dire que j'oubliai
Paris, ma Patrie & moi-même. Ainfi s'é-
couloient mes jours. J'effayois de me rendre heureux, & je croyois l'être.

L'arrière faifon & les approches de
l'hiver nous firent penfer à notre fépara-
tion. Nous nous confolâmes par l'efpoir
des plaifirs de la ville , & c'étoit nous
promettre de nous quitter rarement à Paris.
Je m'y rendis, & j'y vêcus dans la diffi-
pation & le tumulte du grand monde.

Cinq ou fix jours après mon retour de la campagne, je me fis conduire chez mon Philofophe, je ne pûs le rencontrer ; le lendemain il paffa chez moi de très grand matin... Je ne puis vous donner qu'un moment, me dit-il, je n'ai que le tems de vous embraffer. Nous avons aujourd'hui une convocation extraordinaire. De pareilles affemblées n'ont lieu que dans des occafions critiques ; c'eft-à-dire, lorfque la Philofophie eft en danger, ou furchargée d'affaires majeures & d'une nature fingulière.

— A votre agitation je tremble que la Philofophie ne foit dans le premier cas.

— Quelle apparence ! Jamais nous n'avons été fi puiffans ; notre crédit en France eft prodigieux. Voici le fait: nous fommes convoqués pour déliberer fur des objets très effentiels, nous appellons ces fortes d'affemblées *les Saturnales Philofophiques*. On s'y rend avec empreffement. On y dine gaïment, mais les affaires une

fois entamées, la fageffe préfide aux déli-
bérations. Le Chef des Saturnales prononce defpotiquement; s'il étoit cependant
poffible que fon avis fut contredit, un Philofophe de l'affemblée pourroit alors fe
lever, & propofer le fien. Vous jouirez
de ce grand fpectacle. Mes projets fur
vous ne font rien moins que changés, & je
fuis plus réfolu que jamais de vous placer
parmi nous. Je vous annonce que vous ferez enchanté de votre journée, & qu'elle
fera même dans votre vie une époque remarquable. Je vous quitte; trouvez vous
chez moi vers les onze heures au plus tard.

J'étois bien éloigné de laiffer échapper
une fi belle occafion. Je lui promis d'être
à fa porte à l'heure indiquée, & il partit.

On fera fans doute étonné que je n'aye
point encore parlé de mon premier ami.
Je conviens de mes torts. Je dois cependant certifier qu'il étoit fouvent préfent à
ma mémoire. Sa place étoit dans mon
cœur, & je ne fais par quel preffentiment

j'entrevoyois qu'un jour il s'en rendroit
le maître. Je l'eftimois d'avantage, à mefure que je m'éloignois de lui. Il m'avoit
écrit plufieurs lettres pleines d'enjouement
& de raifon. Il m'a dit depuis qu'il jugea
parfaitement de la fituation de mon cœur,
& que malgré fes inquiétudes, l'efpoir
qu'il avoit conçu de mon retour à la vérité, fut toujours au deffus de fes craintes.
L'incertitude où j'étois qu'il n'apprit mon
arrivée par d'autres que par moi-même,
me fit prendre le parti de lui écrire. Inftruit par le porteur de ma lettre que j'é-
tois chez moi, il me fit dire qu'il partoit
dans l'inftant pour venir m'embraffer. En
effet il ne tarda pas à paroître; cette entrevüe me fit un plaifir extrême. Je le reconnus tel que je l'avois vû; il me parut
encore plus aimable: fa converfation fut
vive & animée. Nous parlâmes des Philofophes : la dernière journée que j'avois
paffée avec eux ne fût pas oubliée. J'ob-
fervai cependant qu'il ne me propofoit
plus de continuer de les voir: il me dit

même plûfieurs fois que les connoiffant auffi bien, que je les connoiffois, je n'avois plus rien à gagner dans leur commerce. Il me fit une peinture féduifante des agré-mens qu'il avoit trouvés à la campagne dans une fociété de vrais Philofophes. Mes journées, me difoit-il, paffoient comme des heures.

J'entrevis fon deffein, mais le moment n'étoit point encore venu; je crus devoir lui cacher la vifite que l'on m'avoit faite le matin, & plus encore le rendez-vous que j'avois accepté avec tant de plaifir. Il étoit près d'onze heures. Je lui propofai de le conduire chez un de fes amis avec lequel il avoit à faire; il accepta mes of-fres. Auffitôt que nous fûmes féparés, je vôlai chez mon Philofophe; il m'attendoit avec quelque impatience; nous montâmes en caroffe & nous nous rendîmes à l'affem-blée de nos Sages. Prévenu que le refte de la journée étoit confacrée à célébrer les myfteres de la Philofophie, & que les

Initiés pouvoient feuls entrer dans cette efpèce de temple, je renvoyai mes gens avec ordre de ne ramener mon caroffe que bien avant dans la nuit. Nous fûmes conduits dans une maifon ifolée, fituée dans un quartier tranquille; les portes étoient ouvertes; nous entrâmes dans la Cour. Le Philofophe fut étonné, que l'accès de cette maifon fût fi facile, & qu'il n'y eût perfonne pour en défendre l'entrée. Il vit un jeune homme d'une phifionomie affez heureufe, & lui demanda quel étoit fon état & fon nom. Celui-ci lui répondit refpectueufement qu'il étoit le fils du Concierge de la maifon.

— Je le connois, c'eft un homme dont nous faifons beaucoup de cas. Tu me parois avoir, mon ami, ajouta-t-il, une figure de caractère, & telle que je les aime. Je veux inftituer en ta faveur une place brillante : je te fais *Suiffe de la Philofophie.* Prends bien garde d'introduire ici des efprits vulgaires. Quand tu auras l'habitude de nous voir, tu reconnoîtra le figne du Génie.

Après ce magnifique avertiffement, nous montâmes à la grande falle.

Nous trouvâmes une douzaine de per-fonnes qui étoient affemblées. On me dit qu'on m'attendoit avec impatience, & que le defir que l'on avoit de me connoître étoit proportionné à la grande réputation que je m'étois faite. Je remerciai beau-coup, mais je ne pûs m'empêcher de rire de la grande réputation que je m'étois ac-quife depuis une quinzaine de jours. Après les complimens ufités, nous nous afsîmes; j'examinois toutes les phifionomies. Cette falle devint pour moi une efpéce d'étude. Pour parler le langage des Peintres, je dé-taillois toutes mes têtes avec une attention extrême. Au milieu de mes obfervations, tout le monde fe leva, & je vis entrer fept ou huit perfonnages, dont le plus grand nombre m'étoit connu, & que j'avois vû chez Madame ***. C'étoient les princi-

paux chefs de la Philofophie. Je fus em-
braffé comme une ancienne connoiffance,
ce qui m'attira une confidération marquée
de tous ceux qui ne me connoiffent encore
que par les éloges outrés qu'on avoit bien
voulu faire de moi.

Avant d'entamer aucune affaire relative
aux intérêts du corps Philofophique, ni
même aucune difcuffion littéraire. On con-
vint qu'il falloit s'entretenir des affaires
politiques & de la fituation du Gouvernement. Tout le monde connoît la liberté
qui règne dans les Caffés de Londres; mais
perfonne ne concevra jamais jufqu'à quel
point elle fut portée dans cette convocation extraordinaire. Les Miniftres & les
Rois étoient appellés à leur jugement.
Malheur aux Princes qui ne faifoient pas
regner dans leurs Etats la tolérance abfolue
de toutes les Religions; un grand Monarque du Nord fut porté jufqu'aux cieux,
& les Philofophes trouverent qu'il ne man-
quoit à fa gloire que de brifer fa couronne
aux pieds de fes peuples.

Les Anglois parurent fur la fcène, ils furent blâmés de vouloir être Républicains en Europe & Defpôtes en Amerique.

Bientôt le cri de la liberté fe fit entendre. Ainfi qu'un Empereur Philofophe fit jadis le procès à tous les Dieux [a], de même nos Philofophes modernes faifoient paffer en revue toutes les Puiffances de la terre.

Les Miniftres des Rois n'étoient grands, felon eux, qu'autant qu'ils fe fervoient de leur pouvoir pour affoiblir l'autorité de leurs Maîtres, & le génie n'étoit accordé qu'à ceux qui d'une main fûre & hardie fappoient les marches du trône, tandis que de l'autre, ils jettoient les fondemens d'une République univerfelle. C'étoit-là les Dieux de la Patrie.

Après avoir calculé le progrès des lumières, & avoir jetté un coup d'œil rapide

––––––––––––––––––––––––––––––––

(a) Julien l'Apoftat dans fes Saturnales.

fur tous les événemens poffibles, ils finirent par conclure que les *Lapons* pourroient bien devenir avant peu, d'affez bons
Philofophes,

On vint nous annoncer qu'on avoit fer-
vi ; on fe mit à table, on refta quelques
tems dans un efpéce de filence ; vers le
milieu du premier fervice , la joie commençoit à éclater ; le plaifir brilloit dans
les yeux de tous les convives. Un des principaux perfonnages faifit cet heureux moment pour prendre la parole.

— Enfin , mes chers amis , voici un
jour de pleine liberté ; donnons l'effor à
notre imagination. Le choc des efprits
fert à les faire étinceler davantage , &
c'eft un excellent moyen de nous tenir en
haleine.

Il a bien raifon, dit un autre, la vérité
eft toujours où nous fommes ; évitons la
peine de difcuter & même de penfer.
Repofons-nous.

Le signal donné , la volubilité des langues , la rapidité des paroles , fut incompréhensible ; les idées se succédoient comme les flots de la mer , & dans la chaleur des discours , paroissoit une foule d'épigrammes, quelquefois plaisantes , toujours *atroces*. Ce qui me surprenoit davantage , c'est qu'ils se flattoient & se déchiroient tout à la fois. Dans ce bourdonnement continuel, j'imaginois entendre autour de moi des essains de guêpes acharnées au combat. Plus l'épigramme étoit outrageante , plus ils étoient empressés de la faire éclater ; mais aussitôt qu'ils commencoient à s'appercevoir que leurs saillies excitoient des émotions trop fortes, ils accabloient leurs victimes d'éloges inconcevables. C'étoit le baûme qu'ils versoient sur leurs blessures cruelles. En effet ce spécifique étoit merveilleux : car l'éloge fait, tout étoit pardonné.

Nos Philosophes connoissoient trop le goût du siécle, pour s'en tenir-là. L'esprit difparut; il fut remplacé par le génie des *Calembourgs*. On en fit de toutes les façons & à l'infini. Cependant je n'en pus retenir un feul; fans doute, c'eft faute de mémoire. Mais ce que je n'ai pas oublié, c'eft que je me difois fouvent à moi-même, que j'aimerois mieux vivre au milieu des panthères, qu'avec de tels amis.

Enfin le dîner finit; un nouveau fpectacle commença, & les Saturnales s'ouvrirent.

J'imaginois que le moment de paffer à la falle des myftères, alloit être annoncé par le fon triomphal des trompettes & des tymballes, mais nulle efpéce d'harmonie ne frappa mes oreilles. Les myftères fe célébroient prudemment portes clofes, comme autrefois ceux de la bonne Déeffe. Dès que tous les Initiés font arrivés, d'énormes verroux ferment la porte d'entrée, de maniere que jufqu'à la fin de la Saturnale du jour, on peut diré que la *Philofophie* eft fous le *fcellé*.

Les Philoſophes ſe leverent & marche-
rent gravement deux à deux vers la ſalle
d'aſſemblée. Cette ſingulière fête ſe cé-
lébroit à la lueur des flambeaux ; ſi ce
n'eſt qu'elle fut égayée par les étranges
choſes que j'y vis & que j'entendis, je
n'imagine rien de plus lugubre.

Un homme que je n'avois pas encore
apperçu étoit à la porte de la ſalle, tenant
un caducée à la main. On me dit que c'é-
toit non pas un Héraut d'Armes, mais un
Héraut de *Lettres*; c'eſt ainſi qu'on l'appelloit. Quoique la marche fut regulière,
néanmoins aucun rang ni diſtinction de
perſonnes n'étoit obſervé : à peine les deux
premiers qui étoient à la tête de la marche
furent-ils arrivés au ſeüil de la porte, que
le Héraut dit à celui de la droite : quel
nom portez-vous? Le nom prononcé, j'entendis le Héraut crier à haute voix : qu'il
entre , & que le Sénateur ſe place à la
vingt-deuxiéme chaiſe Curulle. Il fit la
même cérémonie pour chaque membre,

& défignant les places par leurs numéros,
les rangs furent gardés felon la datte &
l'ancienneté des réceptions. Il n'étoit encore entré qu'une quinzaine de perfonnes,
lorfque je vis le Héraut fléchir le genou
& baiffer fon caducée devant le Philofophe qui m'avoit introduit dans cette affemblée. Quoique je ne fuffe pas encore
fon difciple, je vis cependant avec plaifir
qu'il occupoit une place brillante. Le
Héraut profterné fe leva & fe tournant
vers la falle, cria à haute voix : Philofophes, levez-vous & rendez hommage au
Préfident des Saturnales.

J'appris qu'il y avoit trois affiftans à
fa droite, & trois affiftans à fa gauche ;
ces fix dignitaires étoient également an-
noncés par le Héraut qui pofoit un inftant fon caducée fur leurs épaules, lorfqu'il
les introduifoit dans la falle.

Dans le deffein où j'étois d'obferver
les plus petits détails de cette étrange
fcène, j'avois eû l'attention de laiffer paf-

fer tout le monde fans me préfenter, mais lorfque je vis entrer les deux dernières perfonnes & le *Héraut* fermer les portes de l'affemblée, je me hâtai de le prier de m'y introduire. Il me dit que perfonne n'entroit que par délibération, qu'il n'ignoroit pas que toutes les voix étoient pour moi, & que je devois m'attendre à être admis dans un inftant par acclamation.

J'attendis un quart d'heure; les portes s'ouvrirent; je vis paroître deux hommes qui m'étoient inconnus; ils m'annoncerent que j'étois reçu, & qu'ils étoient envoyés pour me précéder & m'inftaller dans ma place.

J'entre: quel fut mon étonnement! Je ne reconnu plus perfonne. Je vis au milieu de la falle le bufte d'un grand Philofophe élevé fur un piedd'eftal. Devant ce bufte fe trouvoit un petit autel à l'antique, deftiné à faire brûler de l'encens; un peu plus loin un trépied portant des réchauds enflammés d'où s'exhaloient des parfums. Toute l'affemblée affife formoit un grand cercle ; le Préfident habillé en facrificateur étoit au milieu dans une place un peu plus élevée ; les autres étoient revêtus du Manteau de Philofophe *. Tels Raphael peint les Sages de la Grèce dans fon fameux tableau de l'Ecole d'Athènes.

On gardoit le filence. Le premier affiftant prend la parole :

Le jour eft arrivé, Illuftres & Profondes Puiffances, où la Philofophie doit être vengée des outrages d'un Poëte qui a fait un ufage infâme de fes talens. Ce facrilège-Auteur s'eft élevé contre nous. Il a ofé attenter au génie. En vain ce nouvel Eroftrate a crû s'immortalifer par une querelle illuftre ; vous l'avez foudroyé, Pro-

---

* Les anciens Philofophes portoient de grands manteaux qu'ils relevoient fur leurs bras. Lorfque Julien l'Apoftat craignit d'être mis à mort par l'ordre de Conftantius, il fit courir le bruit qu'il avoit pris le manteau des Philofophes.

fondes Puiffances, & vous avez déclaré fon ouvrage fatirique d'autant plus dangereux, que fes vers font excellens. En conféquence à la feptième heure des dernieres Saturnales, il fut délibéré qu'on célébreroit en ce jour la réparation de ce crime.

Auffitôt le facrificateur fe lève avec fes affiftans, & s'avançant vers le trépied des parfums, il prit un exemplaire de l'ouvrage fatirique, & prononça ces paroles: „ Que ces vers périffent dans les flammes. „ Mais le poifon qu'ils contiennent infec- „ teroit cet augufte lieu; purifions l'air „ qu'on y refpire."

Dans l'inftant un nuage de parfums s'é- leve jufqu'au ciel; tous les Poëtes de l'affemblée fe mirent à chanter tour à tour fur des môdes différens des Odes fati- riques contre la mémoire de cet Auteur impie.

Après cette efpèce d'*Auto da fé*, le Sacrificateur & fes Miniftres entourerent le bufte du grand Philofophe, lui préfen-

terent l'hommage & le facrifice des cen-
dres de l'ouvrage condamné. On fit fumer
devant la ftatue l'encens le plus précieux
de l'Arabie. Tous les fpectateurs enta-
merent des hymnes à fa louange, & en
diverfes langues répétoient ces paroles:
,, Que l'Univers apprenne que ce grand
,, Philofophe eft le Dieu que nous
,, adorons."

Cette cérémonie achevée, le Sacrificateur fortit, dépofa fes habits de Grand
Prêtre, reparût avec le manteau de Philofophe, & reprit fa place.

L'Officier chargé des dénonciations fe
leva & dit : un homme célébre parmi
vous implore le crédit & l'autorité de vos
profondes Puiffances. Le crime qu'on a
commis, eft un crime exécrable. On a
trouvé fes vers ennuyeux ; un écrivain
a été affez hardi, pour ofer l'imprimer.

Le Préfident, fronçant le foucil ; s'é-
cria : A quel excès les hommes ne fe por-
tent-ils pas ! Que cet audacieux foit mis
en

en prifon dans les vingt-quatre heures ;
Secretaire, enregiftrés dans le Livre noir
que la Compagnie emploîra tout fon crédit pour obtenir juftice.

Ce jugement rendu, l'Officier dénonciateur fe leva une feconde fois & dit :

Je fuis encore chargé d'employer les
bons offices de vos profondes Puiffances
en faveur d'un Philofophe connu par fon
zèle & fon intrépidité à défendre les pré-
cieufes maximes de la Philofophie. Cet
homme fenfé cherchoit à bannir de fa
Nation des pratiques fuperftitieufes. Dans
un moment de zèle patriotique, il dit
devant une nombreufe affemblée *qu'il
falloit être un imbécile ou un fripon pour
entendre la Meffe.* M. *** a eû l'audace
de répondre *qu'il falloit être l'un & l'autre
pour parler ainfi.*

Le rapport fait , le Préfident fit entendre ces paroles.

Que le nom de M. *** foit noté dans
le livre rouge des perfécutions, & parti-

D

culierement dans la claſſe des ennemis
dont nous devons tirer vengeance à la premiere occaſion.

Le dénonciateur ayant fait tous ſes
rapports , le Sécretaire perpétuel de la
Compagnie ſe leva & dit :

On a imprimé par les ordres de vos
Profondes Puiſſances cinquante-ſept ouvrages importans. Parmi toutes ces pro-
duétions , il s'eſt trouvé quarante écrits
contre la religion dominante dans ce
Royaume , tous très moreaux , mais contenant une métaphyſique ſi neuve qu'il
n'a été donné qu'aux Philoſophes de pouvoir les comprendre & les louer.

En conſéquence ces ouvrages n'ont pû
ſe vendre , & tous les frais d'impreſſion
ſont tombés à la charge de cette illuſtre
Compagnie. Selon les quittances des Im-
primeurs & des Libraires, il eſt ſorti de
la caiſſe philoſophique une ſomme de qua-
rante-huit mille livres.

Le Tréforier fe lève, & avec une voix de *Stentor*, ne prononce que cette parole: *j'affirme.*

Il faut obferver, continua le Sécretaire, que les dix-fept autres ouvrages qui fur-paffent la force de *l'Aretin*, ont prefque réparé la perte que les quarante autres écrits ont occafionée, puifque les frais payés, il eft rentré dans la caiffe un bénéfice de quarante mille livres.

Le Tréforier fe leva & dit: j'affirme.

On ne fçauroit, continua le Sécretaire, donner trop d'éloges à de pareils Auteurs. Ils ont été plus utiles au progès de la philofophie que nos meilleurs Métaphificiens. L'art de ces grands Ecrivains eft d'adou-cir nos mœurs qui font un peu farouches. Ils préparent les efprits à recevoir plus fa-cilement les lumières de la philofophie; auffi jamais nos maximes n'ont-elles été plus en vigueur que depuis la naiffance de ces ingénieux écrits. Mais ce que l'on doit admirer le plus, c'eft ce difcernement

infaillible, avec lequel vos profondes puiffances fçavent employer les divers talens
de leurs Ecrivains. Cet heureux choix
renouvelle fans ceffe l'admiration des François, & fait éclore des chefs-d'œuvres.

Le Tréforier fe lève & dit :

Deux jeunes Auteurs de la plus grande
efpérance, connus par la véhémence de
leur ftyle, & par leurs courageufes im-
précations contre la loi des Chrétiens,
font dans l'indigence la plus extrême. Ils
appellent à leur fecours cette illuftre
Compagnie.

Le Préfident prononça ces mots.

Tréforier, vous donnerez vingt-cinq
louis à chacun de ces Ecrivains pour ex-
citer leur émulation, & pour qu'ils puif-
fent déformais blafphêmer à leur aife.

Pendant que le Tréforier faifoit fon
rapport, le Sécretaire fe tenoit debout
pour faire connoître à l'affemblée qu'il
avoit à parler. Le rapport fini, il dit :

Vous n'ignorez pas, Meſſieurs, que dans votre dernière Saturnale vous avez juré la perte de * *' *. Ce cinique Ecrivain ne ceſſoit de blaſphêmer contre les Dieux & demi-Dieux de la philoſophie. Son dernier ouvrage en quatre vol. *in-8o.* met le comble à ſes crimes. Votre vengeance ſans doute lui eût éte moins funeſte, ſi nous avions pû empêcher l'impreſſion de ſon ouvrage ; ſi nous avions pû même, comme nous l'avons quelquefois pratiqué heureuſement acheter toute l'édition, & par le moyen de nos Libraires, perſuader à l'Auteur que ſon ouvrage *invendu* les avoit preſque ruinés. Mais, vous le ſçavez, Meſſieurs, nos efforts ont été inûtiles ; nous ne pouvons nous diſſimuler, à la honte de la Nation, le ſuccès incroyable de cet ouvrage ; c'eſt ce même ſuccès qui détermina votre auguſte tribunal d'aviſer aux moyens les plus prompts d'exercer votre vengeance d'une maniere conforme à la dignité de vos perſonnes outragées & avilies par ce

forban de la littérature. En conféquence
à la cinquieme heure de vos Saturnales,
fur le rapport fait par un de nos émiffaires : „ que l'Auteur d'un livre que nous
„ avions condamné étoit dans la dernière
„ indigence & pourfuivi pour le paye-
„ ment d'une lettre de change de cent
„ louis ; que fentence & condamnation
„ avoit été prononcée contre lui avec
„ prife de corps... Vu l'état des chofes,
„ il fut délibéré : que dans la crainte que
„ fon créancier, homme foible, ne fe laif-
„ fât féduire & n'accordât quelque délai,
„ on s'affureroit de la propriété de la
„ lettre de change, en payant le créancier
„ qui en étoit nanti des deniers de la com-
„ pagnie ; qu'on pourfuivroit le débiteur
„ avec une telle violence , qu'il feroit
„ néceffairement traduit dans les prifons
„ le jour même de l'échéance de la lettre.

Vos vœux ont été accomplis, Meffieurs, & je m'empreffe de vous faire part
d'une fi heureufe nouvelle. M. ***, un de
vos émiffaires principaux, fut chargé de

cette entreprife fi intéreffante à la gloire de vos Profondes Puiffances. Il s'en eft acquitté avec une intelligence & une fagacité qui méritent vos éloges. Les moyens que fa prudence lui a fuggérés le rendront à jamais célèbre dans nos faftes. Ces moyens font trop ingénieufement imaginés, pour que je puiffe me difpenfer de les expofer fous vos yeux.

Vous fçaurez, Meffieurs, que cet habile négociateur craignit que le Sieur ***, à l'échéance de la lettre de change ne fe cachât pour fe dérober aux pourfuites de fon créancier, & que par ce moyen vos ordres ne devinffent inutiles, ou d'une trop difficile exécution. Pour s'affurer du fuccès de fes démarches, il eut l'ingénieufe adreffe, fous les dehors de l'amitié, de faire dire au Sieur ***, par fon premier créancier, qu'un homme plein de bienfaifance lui avoit payé le montant de fa dette, & ne vouloit pas fe faire connoître.

Avant hier, jour de l'échéance de la lettre, M. *** fe promenoit au Palais Royal dans la plus grande fécurité, racontant fon heureufe avanture à tous fes amis ; il n'avoit, difoit-il, d'autre chagrin que celui d'ignorer le nom de fon bienfaiteur; mais à peine forti de-la promenade, il fut vigoureufement affailli par des hommes apoftés, & conduit au Fort-l'Evêque. Depuis deux jours cet homme jette des cris lamentables. Inconnu de lui, j'ai voulu m'inftruire de fon défefpoir par moi-même. Je me fuis rendu dans fa prifon ; j'ai eû l'air de partager fa douleur & j'en jouiffois. En un mot, Meffieurs, cette affaire fe préfente fous l'afpect le plus riant. Il eft dans le dernier accablement, & nous avons tout lieu d'efpérer que fa détention aura pour nous les fuites les plus heu-reufes.

Ce miférable n'eft point encore affez puni, dit un des plus tragiques Poëtes de l'affemblée ; il ignore jufqu'où peut être portée la vengeance d'un homme de génie.

Cet événement, dit un autre, nous fera refpecter.

La joie commençoit à fe répandre parmi tous les affiftans , lorfque le Sécretaire prit la parole.

Ne vous livrez point encore , Meffieurs, aux doux tranfports de la vengeance; je vous le dis avec une douleur amère : ce matin il a parû dans les prifons un homme qui a demandé à parler à M. ***. Son entrevüe l'a confolé ; fes difcours ont târi fes larmes. Lorfque cet inconnu s'eft retiré , notre ennemi s'eft empreffé de dire au geolier qu'on lui avoit remis la moitié de la fomme qu'il devoit, & que fur le déclin du jour , on lui apporteroit peut-être l'autre moitié , pour lui procurer fon élargiffement.

L'émiffaire de la compagnie , s'écria le Préfident, eft-il informé de ce malheur ?

D ƒ

Oui sans doute , il en eſt inſtruit , répond le Sécretaire ; cet homme infatigable , après avoir rêvé quelques momens,
nous a quittés avec précipitation ; allez
m'a-t-il dit , apprenez à nos chefs , nos
craintes & nos ſuccès ; dites leur que vous
m'avez vû en marche pour détourner l'orage , vers le ſoir je monterai aux Saturnales,
& dans l'inſtant il diſparoît. La nuit eſt
déja tombée ; il n'arrive point ; chaque
inſtant redouble mon inquiétude.

Un ſilence morne régnoit dans l'aſſemblée , lorſqu'une perſonne impatiente qui
ſe tenoit à la fenètre , s'écria : le voici ;
il arrive triomphant.

En effet il entra : il eſt encore dans
les priſons , s'écria-t-il ; je l'ai vû ſur le
point de nous échapper ; ſa dette étoit en
partie payée. Heureuſement le bon homme
qui s'intéreſſoit à ſon ſort n'eſt pas riche ;
il a cherché vainement des ſecours. J'ai
ſçû qu'après s'être fort tourmenté , il étoit

rentré dans fa maifon avec un violent chagrin. Pour en être plus fûr, je me fuis
fait annoncer à lui-même comme prenant
intérêt à fon prifonnier ; il m'a découvert
fes peines & fes foibles reffources. Il n'o-
foit, me difoit-il, aller annoncer une fi
trifte nouvelle ; je m'en fuis chargé. Je
vole vers les prifons ; notre ennemi croyoit
toucher au moment de fa délivrance ; il
n'étoit occupé que de fon bonheur. Je
l'entendois chanter dans fa prifon. J'annonce au geolier que fon prifonnier ne for-
tiroit pas de longtems... Le croiriez-vous,
Meffieurs ? Le geolier s'eft attendri. Il
appelle ce malheureux avec un cri de
douleur. Sur le champ il paroit à fa
voix ; il étoit confterné. Je me fuis empreffé de lui apprendre qu'on avoit fait
en fa faveur d'inutiles démarches, & qu'il
ne devoit plus fe flatter d'un élargiffement
prochain. Confolez-vous cependant, lui
ai-je ajouté, vous n'avez qu'un feul créancier qui vous écroue, & pour furcroît
d'éfpérance, apprenez, lui dis-je, en

m'approchant de fon oreille, que cet unique créancier eft un.;... Philofophe.

A ce mot, je l'ai vû tomber fans connoiffance, & je fuis accourû pour vous l'apprendre.

Auffitôt tout le monde fe lève; on l'embraffe avec tranfport, & le plus foible éloge qu'il reçoit, eft de s'éntendre nommer l'homme le plus rare de fon tems.

Repofez-vous fur moi, Meffieurs, écoutez mes fermens, Immortelle Compagnie. J'en jure par l'Encyclopédie; il périra dans les prifons. Le Héros de la Grèce s'écrioit au paffage du Granique: ô Athéniens, que ne fais-je pas, pour mériter vos éloges! Et moi je m'écrierai fur les bords de la Seine: ô Philofophes François! que n'ai-je pas fait pour mériter votre eftime!

A peine avoit-il fini ces dernières paroles qu'on entendit frapper aux portes à coups redoublés; elles fembloient être

aſſiégées. On courût s'inſtruire de l'évenement que ſembloit annoncer un bruit
ſi extraordinaire.

La plus belle journée finit quelquefois par un orage imprévû. Le bruit
que nous venions d'entendre, étoit oc-
caſionné par l'arrivée d'un Philoſophe
qui n'avoit pû ſe rendre aux Saturnales; il entre d'un pas précipité, d'un
air furieux. J'arrive du Palais, dit-il,
les Chambres ſont encore aſſemblées;
nos ennemis triomphent, c'eſt le comble de l'horreur, je viens d'apprendre,
à n'en pouvoir douter, qu'un des nôtres
doit être arrêté dans vingt-quatre heures, ſous prétexte qu'il a publié un ouvrage qualifiée d'impie par des ſots, &
que ce pauvre ſiècle auſſi borné que les
dix-ſept autres qui l'ont précédé, n'étoit
pas digne d'entendre; ainſi ſont récom-
penſés, Meſſieurs, ceux qui ſe dévouent
courageuſement à éclairer les hommes; ils
ne mériteront jamais de connoître la vérité.

A ce récit l'aſſemblée interdite reſta quelques moments dans l'effroi. Chacun vraiſemblablement inquiet, troublé par ſes remords, s'accuſoit forcément ſur l'audace & la mauvaiſe foi de ſes œuvres. Du milieu de la conſternation un chef des Philoſophes s'élance; ſi-tout nous abandonne, ne nous abandonnons point nous-mêmes, leur cria-t-il, d'une voix impoſante; la foibleſſe n'eſt point faite pour nos ames généreuſes; j'aurai le tems de me porter où il faut, & de parer l'orage. Puiſqu'on nous laiſſe vingt-quatre heures, c'en eſt aſſez. — Eh! vraiment non, reprend le porteur de la nouvelle; vos ſoins ſont ſuperflus; l'ordre irrévocable eſt prononcé, & s'il ne doit s'exécuter que demain; c'eſt uniquement pour une affaire de forme, & parce qu'il y a deux avis dans le Parlement ſur le lieu où ſera conduit le célèbre infortuné; la premiere opinion veut qu'on le mêne cruellement en priſon, pour être puni comme criminel de lèze-majeſté divine; l'autre avis plus doux, eſt d'imaginer un moyen de ſauver la loi, & de conſerver la vie au coupable, en reléguant ce ſage parmis les fous.

A ce coup de foudre, nouveau ſilence; toutes les figures ſe décompoſent, & cet étrange ſpeɛtacle rappelle dans l'inſtant ſans reſpeɛt pour cette ſcéne de douleur, une avanture aſſez plaiſante arrivée à ce bon & ſublime Lafontaine.

Il déſiroit avoir en petit bronze les têtes des anciens Philoſophes; il y faiſoit travailler; il entre un jour chez Madame de la Sablière (*a*) avec l'air le plus affligé. Ah! quel malheur, Madame! quel malheur! Il ſe déſole, on l'interroge; il eſt longtems ſans pouvoir répondre. Enfin queſtionné, preſſé; vous ſçavez, Madame, que nos Philoſophes étoient au *four*; tout alloit à merveille; eh bien! *Socrate a coulé! tout eſt perdu.*

____

(*a*) Tous les beaux eſprits du ſiécle de Louis XIV ſe rendoient chez elle; mais c'étoit uniquement pour elle.

Je vous avoüe qu'en voyant les figures
confternées de tant de grands hommes,
je me crus temoin d'un défaftre bien
plus général que celui dont fe plaignoit
Lafontaine. Il ne perdoit que l'effigie
d'un Sage, & j'avois fous mes yeux une
collection originale affez complette de
têtes renverfées, & de Philofophes man-
qués.

ETABLISSEMENT

DE LA PHILOSOPHIE MODERNE,

JE brûlois d'impatience de faire à mon ami le récit de toutes les scènes différentes dont j'avois été témoin; il étoit d'ailleurs néceffaire que je le viffe. J'avois trouvé un billet chez moi par lequel il me marquoit qu'il avoit une affaire urgente à me communiquer. J'appris qu'il avoit queftionné tous mes gens pour favoir où il auroit pû me rencontrer; mais que fes perquifitions avoient été vaincs.

Prêt à partir, pour aller le voir, je changeai d'avis; je voulus me tranfporter aux prifons pour m'affûrer par moi-même de la vérité du fait concernant l'écrou ordonné par l'émiffaire des Philofophes. J'eftimois encore affez les hommes, pour imaginer qu'il n'en étoit point qui puffent trâmer une pareille perfidie. J'en étois fi

revolté , que je crus celui qui fe glori-
fioit d'un crime femblable, plus capable
de l'avoir inventé, que de l'avoir commis.

J'allai fur le champ aux prifons, je
demandai à parler à M. ***. Le Concierge
me répondit qu'il étoit dans un état à
faire craindre pour fes jours; que d'ailleurs
il avoit fait ferment de ne voir perfonne,
& qu'il étoit réfolu de rompre tout commerce avec les hommes; un feul d'entr'eux, m'ajouta-t-il, eft excepté. Je demandai quel pouvoit être cet homme pri-
vilégié. Quelle fut ma furprife, quand
j'entendis le geolier prononcer le nom de
mon ami. C'étoit lui-même qui avoit parû
dans cet affreux féjour; c'étoit lui qui
avoit donné une partie de la fomme dûe,
& qui avoit couru tout le refte du jour,
pour achever le payement de la dette.
Que je fuis heureux, m'écriai-je! Au milieu de tant de noirceurs, mon cœur fe
repofe fur une action héroïque, & c'eft mon
ami qui l'a faite. Quoique j'euffe pû fous

les aufpices d'un nom auffi cher, me faire
annoncer au malheureux prifonnier, je crus
devoir différer ma vifite pour me donner
le plaifir de venir le confoler avec fon
bienfaiteur même; je me contentai de dire
au geolier qu'il verroit bientôt cet homme
vertueux. Je me rendis chez lui; je ne
pouvois me laffer de me féliciter du bonheur qui me l'avoit fait connoître. La pro-
digieufe diffemblance de fon caractère avec
celui des Philofophes & de leurs proféli-
tes, me le rendoit plus cher que jamais.
Mon admiration fe fixoit fur lui avec
complaifance. Je croyois appercevoir un
genie fupérieur qui fe plaifoit à fe cacher
fous les dehors les plus fimples, & qui
ne me laiffoit voir en lui qu'un autre moi-
même. Son efprit vafte & modefte me fuivoit pas à pas, & dans les occafions néceffaires, il s'élevoit comme un aigle; j'admirois l'adreffe avec laquelle il avoit l'air
d'adopter mon opinion pour mieux la combattre & la détruire enfuite. J'admirois
furtout cet art heureux qui faifoit naître

en moi fes propres idées ; il réalifoit à mes
yeux cette Minerve fabuleufe qui, fous
les traits de Mentor, gouvernoit la jeuneffe docile du fils d'Uliffe ; je conclus
qu'il étoit encore des Philofophes dignes
de ce nom. Oui, m'écriai-je, il en eft ;
les trouver, vivre avec eux, eft fans doute
un bonheur. C'eft commencer à être fage,
que de les difcerner, & c'eft l'être, que
de les aimer.

J'arrivai chez lui dans ces heureufes difpofitions. Malgré le plaifir qu'il eut de
me voir, je m'apperçus aifement de fon
chagrin ; j'en connoiffois la caufe ; fon ame
étoit trop affectée pour lui tracer le détail
de tout ce que j'avois vû ; je penfai que
je devois paroître tout ignorer, & tout
apprendre de lui-même.

— Vous m'avez bien manqué hier, me
dit-il ; je comptois fur vous pour finir les
malheurs de l'homme le plus intéreffant
& le plus infortuné. Il me parloit, &
les larmes couloient de fes yeux.

Arrêtez, lui dis-je, Je fais tout; vous jouirez bientôt du prix de votre action généreufe, le prifonnier fera délivré [*].

Son étonnement & fa joie furent extrê-mes, je profitai de ce moment pour lui raconter tout ce que j'avois vû; je n'omis aucune circonftance des *Saturnales*; il étoit dans le raviffement de me favoir témoin de ces extravagances & de ces horreurs. Je me récriai fur l'atrocité de l'action; je ne voyois rien au monde de plus perfide que cette horde de nouveaux barbares qui fe croient une république de Sages.

— Vous vous trompez peut-être, me répondit cet homme jufte; il y a chez eux plus d'orgueil & de fanatifme que de per-verfité. Je ferois fâché de les fuppofer plus méchans, qu'ils ne le font; il en eft même plufieurs de ma connoiffance qui font ca-pables de bienfaifance & de générofité envers leurs amis; mais le preftige fafcine

______

(*) On le fit fortir le même jour des prifons.

leurs yeux ; & malgré leur cri de tolérance, il n'eſt aucune feᶜte dans le monde,
plus intolérante que la leur. L'orgueil
Philoſophique une fois bleſſé, ne pardonne
jamais: il n'a plus de repos que ſes ven-
geances ténébreuſes n'ayent trouvé l'inſtant d'éclater, mais je le répète encore,
je penſe qu'il ſe trouve dans leurs procédés
les plus atroces, plus d'enthouſiaſme & de
folie, que de méchanceté & de noirceur.

Ces réflexions m'étonnerent, & j'admi-
rai la droiture & la juſtice avec laquelle il
jugeoit des êtres injuſtes qui penſoient ſi
différemment de lui.

Ma manière de voir vous ſurprendra
moins, quand vous ſaurez que, forcés par
l'évidence des faits, de condamner nos ſem-
blables, nous devons toujours préſumer le
moins de mal poſſible, & dans leurs plus
méchantes aᶜtions, chercher les motifs qui
peuvent les rendre moins odieuſes. Tel eſt
l'eſprit de ma Religion, & la morale de
la véritable Philoſophie. Ne croyez pas

que je haïſſe les hommes dont nous parlons; leurs perſonnes me font chères; mais
leurs actions & leurs ſyſtêmes ſont ſi funeſtes, que je ne puis m'empêcher de les
regarder comme les ennemis de la nation
& de l'humanité.

Je convins avec lui de toutes ces véri-
rités; mais je le fis convenir à mon tour
que rien n'étoit plus plaiſant, que leurs
majeſtueuſes aſſemblées. Je ne lui diſſi-
mulai pas que j'étois prié ce jour là même
à diner chez un homme puiſſant qui
les protégeoit, & que j'eſpérois de trouver
chez lui quelques uns de leur plus rares
perſonnages, mais que leur rencontre dans
des maiſons particuliéres ne me proçuroit
pas le même amuſement qu'ils me donnoient dans les leurs. Quand je lui tenois
ce langage, j'étois bien éloigné de ſoupçonner le plaiſir qui m'attendoit. Je pris
congé de lui, & je paſſai chez le Philoſophe.

Les folies dont j'étois ſans ceſſe témoin, l'attrait que j'avois naturellement

à méditer, tout fembloit confpirer à me
mettre au rang des hommes les plus fen-
fés; mais le naturel & les circonftances
tiennent bien rarement contre la fougue
de la jeuneffe. J'aimois les gens de bien,
je rendois hommage à leurs vertus ; mais
je ne m'ennuyois pas avec mon Philofophe. Je le trouvai dans fon cabinet, occupé à rédiger, à ce qu'il me dit, de
grandes vües d'adminiftration & de politique, concernant les progrès de la Philofophie. Dès qu'il m'apperçut, il me dit :
je vous fais mon compliment ; ce qui vous
arrive vaut *un brevet de féld-Maréchal.*
J'étois bien loin de deviner ce qu'il m'annonçoit, & plus encore quel pouvoit être
cet événement honorable dont il me parloit. Il me tira de mes doutes en me
difant : vous dinés aujourd'hui chez M *** ;
vous croyez peut-être que c'eft un de nos
comités ordinaires ; de toutes vos journées, ce fera peut-être la plus importante.

Après le funefte évenement annoncé à
la fin des dernières Saturnales, je témoig-
nai

nai ma furprife d'entendre parler fitôt
d'une nouvelle affemblée. Heureufement
me dit-on, ce jugement inique n'a point
eû lieu ; l'Auteur condamné a fçû diffiper
l'orage par une rétraétation publique & fi
ingénieufement faite, qu'elle paroît moins
un hommage rendu aux préjugés, qu'une
nouvelle Epigramme contre la fuperftition.
L'ufage de ces fortes de rétraétations eft
reçu parmi nous ; l'ouvrage refte, immor-
talife fon Auteur, & un défaveu ironique le
fait jouir paifiblement de fa gloire. Pour revenir, m'ajouta-t-il, à notre affemblée du
jour, vous avez trop d'efprit pour penfer
que les fecrets de notre adminiftration &
du régime politique de la Philofophie puif-
fent raifonnablement fe divulguer & fe
difcuter en préfence de la multitude. Nos
Saturnales, par exemple, font plutôt nos
fpeétacles, que nos confeils ; il eft vrai que
l'entrée n'en eft accordée, qu'à des Philofophes un peu connus, je ne dis point
par de grands talents, mais par un certain
rang dans la nation. Ces fortes de fêtes ont

E

été particulierement inftituées pour les
jeunes gens de qualité. Leur réception
parmi nous leur tourne la tête. Ce font des
membres très néceffaires à notre conftitution, ils paffent leur vie à la Cour & dans
le grand monde; nous fommes maîtres de
leurs organes; ils nous apprennent tout ce
qu'ils entendent, & nous leur faifons dire
tout ce que nous voulons; ils noirciffent
& perdent fouvent nos ennemis, & ils aug-
mentent notre confidération par le refpect
& l'admiration qu'ils témoignent pour nos
perfonnes. Vous fentez bien que nous fa-
vons à quoi nous en tenir fur le mérite de
la plûpart de ces nobles Philofophes. A
peine les avons nous vûs, qu'ils font jugés;
mais nous ne les avons pas créés; nous ne
pouvons que les former à notre utilité, &
tirer parti de leurs agrémens, & même de
leurs ridicules. Nous leurs rendons cependant plus qu'ils ne nous prêtent. Nous
leur donnons une certaine réputation; tou-
tefois il en eft quelques uns qui ont infiniment d'efprit & même des talens; mais en

général politiquement nous les flattons, &
Philofophiquement nous en faifons très
peu de cas.

Ma fituation étoit embaraffante ; je
tremblois d'être un des modèles de notre
grand Peintre. Les yeux baiffés, j'écoutois ce difcours, & j'avoue, pour me fervir
de l'expreffion d'un célèbre fabulifte, que
j'étois honteux comme un renard qu'une poule
auroit pris. Ah! M. le Baron, s'écria-t-il,
heureufement pour moi, fi ces gens de
qualité vous reffembloient tous; nous n'efti-
merions en eux que leurs perfonncs. Il
vous fera facile d'apprécier par la confiance
que nous vous témoignerons, le jugement
que nous avons porté de votre mérite;
vous nous entendrez traiter devant vous
les affaires les plus effentielles à notre
conftitution. Vous verrez au grand jour
tous les refforts qui meuvent cette République dont la moindre ambition ne
peut être que de renverfer tôt ou tard le
trône & les autels. Ces fortes de matiéres
ne fe traitent qu'à portes clofes & en pré-

fence de ceux qui tiennent les rênes des affaires. L'homme chez qui vous dînez aujourd'hui, eft un des Philofophes les plus zélés; il nous foutient de tout fon crédit, & nous couvre, pour ainfi dire, de fon autorité; il a conçû pour vous la même amitié que je vous ai vouée; nous avons fur vous les mêmes vües, & fans nous être communiqué notre manière de penfer, nous efperons l'un & l'autre que vous ferez un jour en Allemagne le foutien de la Philofophie. Vous êtes réfervé, pour étendre fon empire, & nous nous flattons de pouvoir, par votre canal, établir entre Paris & Vienne la plus utile correfpondance.

— Votre plan eft bien conçû ; le croyez-vous d'une exécution facile? Notre Impératrice, la connoiffez-vous? Vous favez fûrement que la fageffe eft affife fur fon trône ; mais vous ignorez peut-être qu'inébranlable dans fes principes, elle fait régner avec elle la religion de fes pères ; & cette même religion, vous l'abhorrés? vous voulez la détruire?

— Eh! vraiment, je le fais bien! c'est que votre Impératrice n'est pas Philofophe; mais par les moyens que nous vous communiquerons, les générations de vos Princes pourront le devenir un jour. Ce n'est qu'en calculant bien, qu'en combinant tous les événemens poffibles, que nous venons à bout d'exécuter des chofes difficiles & prefque inefpérées. Nos démarches font les fruits de la réflexion & de la fageffe; & croyez-en mon expérience; il est un point détermiré, où tous les événemèns viennent aboutir; il n'est queftion que de les prévoir & de les bien préparer. La conquête d'un Royaume est incertaine; elle dépend toujours de la fortune & des circonftances; mais notre domination n'est établie que par l'efprit; nous fubjuguons les peuples par la raifon; l'intérêt perfonnel, les plaifirs, la liberté, voilà nos cohortes, nos légions; & quelle puiffance pourroit refifter à ·des armes auffi victorieufes! Au refte *ofer tout & ne rien îraindre*, voilà notre cri de guerre. Il est

E 3 .

queſtion aujourd'hui de vous démontrer que néceſſairement nous devons jetter dans nos commencemens des racines profondes, & que ces racines une fois affermies, nous devenons indeſtructibles. Telle eſt la nature de notre gouvernement. Nous paroiſſons d'abord des citoyens iſolés, mais dans peu nous ſommes Rois, & tout ſe meut à notre volonté. Enfin pour ſe former une idée juſte de notre puiſſance, il faudroit calculer le pouvoir du génie, des paſſions & de l'indépendance.

Les affaires graves qui devoient être traitées dans cette nouvelle aſſemblée, ne me permettoient pas de douter que mon Philoſophe n'y fût un des perſonnages principaux. En effet il me dit qu'il s'y trouveroit avec les ſix Aſſiſtans que j'avois vûs à ſes côtés le jour des Saturnales, il me propoſa de nous y rendre enſemble.

Avant d'entrer, m'ajouta-t-il, dans notre conſeil privé, il eſt à propos que vous ſoyez prévenu ſur le caractère d'un homme

extraordinaire. Vous l'y verrez certainement; fa préfence eft même indifpenfable.
C'eft un homme profond, fingulierement
inftruit; il n'a jamais rien oublié de ce
qu'il a fçû; mais fon commerce peu agréable fait difparoître tout ce qu'il vaut. Di-
ftrait à l'excès, on le voit prefque toujours
enfeveli dans fes penfées; ce qui caradté-
rife le plus la bifarrerie de fon efprit, c'eft
la manie qu'il a de s'élever contre fes propres idées, & de les combattre, foutenant
prefque toujours avec une véhémence fans
égale le contraire de ce qu'il penfe. La
chaleur de la difpute lui indique la force
ou la foibleffe de fon opinion. Il prétend
qu'il a fçu, par ce procédé philofophique,
faire tourner au profit de fa raifon, la fin-
gularité même de fon efprit; mais ne foyez
point la dupe des paradoxes qu'il pourroit
avancer. Sa nouvelle façon de s'éclairer
nous a été long-tems cachée, mais depuis
qu'elle nous eft connüe, il nous eft fouvent
arrivé de le défoler par une complaifance

maligne, approuvant tout ce qu'il difoit au premier abord de fes contradictions.

Après m'avoir fait le portrait de cet homme fingulier, il me demanda la permiffion de s'occuper un moment à raffembler quelques matériaux qu'il devoit préparer pour la fcéance du jour, & pour me diftraire moi-même pendant ce court intervalle, il me mit dans les mains le premier volume de huit gros *in-folio* manufcrits, intitulés les faftes du Génie. C'étoit le titre des ouvrages faits depuis trente ans en faveur de la nouvelle Philofophie; comme les noms de la plûpart des Auteurs ne font point imprimés à la tête de leurs œuvres, ce recueil les vengeoit de cette efpèce d'obfcurité. L'éloge de chaque Ecrivain étoit tracé; leur differens portraits donnoient à cet ouvrage une variété fingulière. Les récompenfes obtenues en faveur de ces Ecrivains, étoient autant de couronnes que l'on voyoit attachées à leur médaillon. Je fus très étonné d'y voir les

noms de plufieurs perfonnes de ma connoiffance, que je ne foupçonnois pas d'avoir
tant d'efprit, & encore moins affez de mo-
deftie, pour n'avoir jamais voulu placer
leur nom fur le frontifpice de leurs ouvrages. J'interrompis un moment le Philofophe pour lui demander la raifon qui voiloit tant d'illuftres perfonnages aux yeux
du public. Il me répondit :

Que les tems n'étoient point encore arrivés, que la vérité fe cachoit quelquefois :
la nation, m'ajouta-t-il, n'eft point encore
affez inftruite, & affez forte, & le voile
qui nous couvre ne peut encore fe déchi-
rer. Il eft néceffaire que les différens états
foient confondus par une indépendance abfolue. En attendant ces jours heureux, la
fageffe exige que les défenfeurs de la liberté
foient mis à l'abri de la vindiéte publique,
c'eft à dire des oppreffions de l'ignorance
& de la fuperftition.

Je ne connoiffois point encore le nom
de l'Auteur du fyftême de la Nature; je

E 5

le vis; il étoit écrit en lettres majufcules.
Ma furprife ne fut pas médiocre. La perfonne m'étoit très-connue. Le Philofophe
fourit à mon étonnement, & me regardoit
en tenant fon doigt fur fes lèvres; je lui
promis le plus grand fecret.

Il finiffoit de raffembler fes papiers;
nous partîmes; tout le monde étoit arrivé;
on jugea que nous aurions le tems de difcuter des affaires importantes avant que de
nous mettre à table. On m'avertit feulement de garder pendant le diner le plus
profond filence fur tout ce qui pouvoit
avoir trait aux affaires philofophiques: les
oreilles des valets font redoutables, nous
dit le maître de la maifon, & les gens en
place ont fouvent des efpions qui s'infinuent
chez eux; on attribue quelquefois à fes
ennemis des indifcrétions & des malheurs
dont la fource fort de chez foi.

Ces moyens, dit un autre, font généralement connus; mais nous en fommes fervis
nous-mêmes très utilement, il y a quelques

années. Nous eûmes de puissantes raisons de nous emparer de la confiance d'un homme illustre dont nous prévîmes la déstinée; il étoit entouré de deux ou trois subalternes logés chez lui, qui ne le quittoient pas; il ne voyoit que par leurs yeux, & se conduisoit entiérement par leurs conseils. Ces hommes ne nous aimoient pas; nous trouvâmes le moyen d'introduire dans cette maison un laquais affidé, qui nous servit avec une intelligence supérieure; il recueillit différens propos tenus devant nos détracteurs; sa collection étoit riche; cet homme puissant parloit assez à son aise, & surtout en présence de ses intimes confidents.

Vous vous rappellez sans doute, continua-t-il, cette curieuse correspondance qui amusa longtems tout Paris, hors celui qui en étoit l'objet. L'homme en place dont il s'agit, étoit un de ses plus redoutables ennemis. Instruits par le laquais dont nous l'avions investi, nous détachâmes un des nôtre; qui s'insinua dans son esprit, & le premier témoignage qu'il lui donna de son zèle fut de l'avertir qu'il entretenoit deux traitres auprès de fa perfonne ; il lui donna pour preuves fes propres difcours qu'il croyoit ignorés, & finit par lui perfuader que fes confidents étoient les efpions du héros de la Correfpondance ; c'en fut affez ; les grands s'irritent facilement ; les circonftances & la nature du crime le mirent hors de lui-même, & fans vouloir entendre aucune efpece de juftification, nos ennemis furent chaffés de chez lui. Depuis cette époque nous nous fommes emparés du maître de la maifon, & la Philofophie dans la fuite dût à ce ftratagême les plus grands avantages. Après avoir entendu le récit de cette anecdote, nous nous rendîmes dans un cabinet de livres. Toutes les portes furent fermées, & la féance commença. L'honneur d'en faire l'ouverture fut laiffé à mon Philofophe qui prononça ce difcours (*).

(*) Je pafferois pour un prodige de mémoire fi je ne prévenois mes lecteurs que ces

Des hommes obſcurs & vagabonds raſſemblés ſur les bords du Tybre, furent les
fondateurs de l'Empire Romains ; leurs
deſcendans ſubjuguérent le monde. Telle
eſt l'image de notre République, ou plutôt ſon hiſtoire.

Notre berçeau fut un Caffé. Cinq ou
ſix hommes de lettres ſans conſidération,
ſans crédit ; voilà notre premier peuple.

Pour ſe rendre les maîtres de l'univers,
il fallut des ſiècles aux Romains.

Pour remplir le même objet, trente ans
ont ſuffi à la Philoſophie.

Meſſieurs, qui attachent la plus grande importance à tout ce qu'ils diſent ou écrivent, li-
ſent ordinairement dans leurs Conférences,
ſurtout quand ils ont à propoſer ou à diſcuter
quelques ſujets d'une certaine étendue. Comme
tout de leur part eſt réciproquement précieux
& ſolidairement immortel, ils ſe donnent des
copies de ce qu'ils ont lû ; deſtiné par eux à
ſervir la Philoſophie, je reçus dans la ſuite une
de ces copies qué je tranſcris en ce moment.

La rapidité de nos conquêtes fait la feule différence des deux empires. Vous ferez moins étonnés, Meſſieurs, d'un pareil prodige , quand vous conſidérerez que la propagation du génie reſſemble à celle de la lumière.

Pour ſe former des idées ſaines ſur l'importance & la ſageſſe de nos inſtituts, il eſt néceſſaire de remonter à notre origine, de ſuivre nos progrès, & ſurtout d'examiner les moyens qu'on a mis en uſage, pour porter la Philoſophie juſqu'au dégré de gloire où elle eſt parvenüe de nos jours.

La maturité de votre raiſon eſt l'époque de ſon établiſſement. Vous n'en rougirez pas, Meſſieurs; alors vous étiez tous des hommes obſcurs; mais vous aviez reçû le génie en partage.

Dites-nous comment vous avez pû créer, conſerver ce corps Philoſophique? Apprenez-nous enfin comment vous avez pû le rendre, je ne dis pas ſeulement ſi célèbre, mais indeſtructible.

Après ces paroles, l'Orateur s'adreſſe à un perſonnage diſtingué, & lui dit :

C'eſt à vous, homme rare, parmi les grands hommes mêmes, à nous raconter tant de merveilles. C'eſt vous qui avez poſé les fondemens de notre République.

Le diſcours finit, & le Philoſophe ſi gracieuſement interrogé, prit la parole :

Je conviens que j'ai été deſtiné à conduire des projets hardis & difficiles ; mais ſi j'avois pû dans ces premiers tems les concevoir, j'étois trop jeune encore, pour imaginer les moyens de les exécuter. Il falloit une grande expérience, une profonde connoiſſance des hommes, & ſurtout des hommes de cette nation. Notre régime & le plan de nos inſtitutions, ſont dûs au génie de deux Philoſophes, dont la mémoire ne périra qu'avec la ſageſſe & la ſaine raiſon.

Je me ſouviens encore des premiers inſtans & des brillantes circonſtances de notre création ; les détails en ſont trop intéreſſants, pour ne point nous les rappeller avec un plaiſir égal à notre admiration. .

Après avoir gémi ſur notre ſort & ſur l'injuſte répartition des biens de la fortune, quelquefois nous déſirions que les Graces Littéraires fuſſent jettés au hazard, dans l'eſpérance aumoins qu'elles pourroient tomber ſur quelques gens de mérite. M. *** un jour s'élance du milieu de nous d'un air radieux ; & comme s'il eut été inſpiré, il nous tint à peu près ce diſcours qui n'eſt jamais ſorti de ma mémoire.

Que faiſons nous ici, Meſſieurs ? Juſques à quand inſenſibles à nos maux, nous condamnerons-nous à reſter dans un état obſcur ? N'oublions pas qu'un noble orgueil fut toujours l'appanage du génie. Je vous prédis une grande révolution, ſi nous ceſſons de nous méconnoître. Nous ſommes eſclaves, & notre eſprit eſt fait pour commander. Profitons de la ſupériorité que nous avons ſur nos concitoyens ; parta-

geons au moins avec eux la haute confidération, les honneurs & les richeſſes; mê-
lons-nous avec les grands; rendons-nous
néceſſaires à leur illuſtration, & par ce
moyen nous aurons une grande influence
ſur les affaires du gouvernement. Si vous
le voulez, Meſſieurs, ajouta-t-il, le ſuccès eſt certain; formons une république
nouvelle; aſſocions-nous des hommes puiſ-
ſants; & que notre confédération ſoit un
jour formidable.

En attendant que nous puiſſions tracer
un plan de conduite, voici les moyens
qu'il nous faut employer.

Paroiſſons aux yeux du peuple comme
des hommes extraordinaires; fixons ſur
nous les regards de la nation. Je la connois; pour s'en faire admirer, il faut du
ſpectacle & de la ſingularité. Eh bien!
ſoyons ſinguliers dans nos diſcours, dans
nos écrits, dans nos manières; inventons
un langage qui lui paroiſſe ſublime; ren-
verſons les préjugés nationaux, profeſſons

une doctrine inconnue , & formons un Code de morale nouvelle. Ce peuple est idolâtre du plaisir ; flattons ses passions : il est né mocqueur ; armons-nous d'Epigrammes & de sarcasmes , & couvrons surtout leurs Magistrats & leurs Prêtres de ridicules. Le François peu crédule se plait dans les doutes ; rejettons la révélation ; éteignons le flambeau de la foi ; amusons enfin, par l'attrait des nouveautés, ce peuple curieux, avide tout à la fois de plaisirs & de controverses ; plaisantons avec les uns, philosophons avec les autres, & sous les apparences de la sagesse , plongeons cette nation aimable & legère dans l'yresse d'une heureuse folie.

Je ne puis vous exprimer, Messieurs, la sensation que nous éprouvâmes. Je ne vous rends que la substance des choses. Vous avez connu son éloquence & la chaleur de son génie ; son ame étoit dans ses paroles ; il la transmit dans la nôtre ; nous ne lui répondîmes que par acclama-

tion & par des fermens de fuivre fes confeils, & de nous vouer à fes ordres. Dès
ce moment nous nous affemblâmes tous les
jours dans fa maifon ; elle devint pour nous
un nouveau Lycée, & mutuellement nous
nous proclâmes *Philofophes.*

Ce titre étoit encore trop générique.
Une heureufe circonftance nous défigna
d'une maniere plus particulière & plus
précife. Un Anglois infatigable dans fes
travaux, avoit conçu un projet immenfe ;
lui feul l'avoit entrepris, c'étoit la traduc-
tion d'un Dictionnaîre univerfel, contenant
toutes les fciences & tous les arts, en un
mot l'hiftoire détaillée de l'efprit humain.
Un de nos Philofophes fit connoiffance
avec cet Hercule de la Littérature ; il con-
çut fur le champ le deffein de lui dérober
fon grand ouvrage, pour en enrichir la
Philofophie Françoife, & faire rejaillir
l'honneur d'une pareille entreprife fur les
membres de fon école. On fit entrevoir
à l'inventeur une fortune immenfe. Pour

accélérer la fin de l'œuvre, il falloit des
coopérateurs. On lui préfenta des *Philofo-*
phes compilateurs, traducteurs, tous Ecrivains de génie; on y joignit une foule de
Libraires parfaitement défintereffés. Tant
de fecours & d'avantages gagnerent la confiance du Savant. Tous les fruits de fes
veilles furent communiqués. Alarmé de
nos prétentions, l'Anglois voulut dans la
fuite nous difputer le terrein. La guerre
fe déclare, & victorieufement nous nous
emparâmes des dépouilles de l'ennemi ;
nous donnâmes un titre faftueux au Dic-
tionnaire que nous avions favamment al-
longé, & nous primes le fuperbe nom
d'hommes univerfels. C'eft ainfi que nous
parûmes aux yeux de notre nation. Nous
n'étions encore qu'à notre premier âge;
déjà le nombre de nos affociés devenoit
formidable; des Philofophes nouveaux fe
préfentoient fans ceffe. Nos fuccès rapides nous fufciterent des ennemis inquiets
qui s'élevèrent contre une doctrine nou-

velle; mais nos profelytes, pleins de zèle
& de courage, les repousserent avec violence.

On commençoit à nous confidérer &
à nous craindre; nos difciples chantoient
nos louanges; ils nous repréfentoient
comme les légiflateurs & les Dieux de
l'humanité. On nous attira chez les grands,
leur vénération pour nos perfonnes étoit
extrême. Plufieurs d'entr'eux ambitionne-
rent de devenir nos affociés & nos amis;
leur crédit utilement employé à nos for-
tunes, & des fervices importans méritè-
rent cet honneur à quelques uns. Enfin
pour nous donner une exiftence immortelle, il fallut nous affembler en corps,
& il étoit néceffaire que nos convocations
avouées par le Gouvernement, euffent une
fanction légale: c'étoit pour nous un coup
d'état. Dans cet efpoir, nous enfonçâmes
les portes des Académies. Le tems feul
pouvoit affûrer nos fuccès... Mais arretez-
vous, Meffieurs, je vous prie, à cette

derniére époque. Voici le chef-d'œuvre
de la politique du plus rare génie. Il ne
fuffifoit pas de faire entrer nos Philofophes
dans les principaux Corps Littéraires , il
falloit pour l'établiffement de notre doctrine, s'en rendre les maîtres & les defpôtes; il falloit extirper jufqu'à la racine
les erreurs qui y dominoient. Quelle prudence , Meffieurs , n'avons-nous pas employée, pour renforcer ces corps débiles
par des recrües d'efprits forts? Combien
de fois dans ces commencemens difficiles,
n'a-t-il pas fallu pour tromper l'ignorance
foupçonneufe, & la fuperftition aux cent
yeux, obliger le Philofophe à fe couvrir
d'un mafque à la porte des Académies?
Heureufement tant d'art & tant de foins
n'ont point été inutiles; notre adreffe &
nos ftratagêmes ont été couronnés du fuccès. Vous allez être convaincus que le
vafte projet de s'emparer de tous les Corps
Littéraires, pour y faire regner la Philofophie moderne, à l'exclufion de tout autre
doctrine, a été regardé par nos premiers

maîtres comme le principal article de notre Régime & de nos Conſtitutions. C'eſt à cette époque prévûe près de trente ans auparavant, que l'on doit rapporter la gloire & la ſtabilité de notre République.

Après vous avoir, Meſſieurs, tracé rapidement l'hiſtoire de la Philoſophie, de ſon origine & de ſes progrès, il eſt néceſſaire de vous lire les maximes de ſon gouvernement.

REGIME et INSTITUT

De la Société Philosophique.

ARTICLE PREMIER.

ON choisira trois ou quatre Chefs auxquels ressortiront toutes les affaires majeures. Les profélytes de quelque état qu'ils
soient, ne doivent rien dissimuler de tout
ce qui pouroit intéresser le corps Philosophique ; la moindre réticence sur ce sujet
sera réputée une véritable félonie.

I I.

Les éloges que l'on donnera aux principaux Chefs ne sçauroient être trop exa-
gérés. En parlant d'eux, vous ne direz
jamais l'*esprit d'un tel*, mais *son génie*.

I I I.

Insinuez-vous chez les Grands & sub-
juguez-les par l'ascendant de l'esprit. Faites un choix distingué des Philosophes qui
doivent être introduits dans leur maison.

L'esprit

L'efprit ne fuffit pas; il faut le jargon du monde un caractère hardi, un ton décifif & tranchant.

I V.

Les génies fombres, rêveurs, mélancoliques, on les gardera pour le cabinet & le confeil. Les projets fecrets pourront leur être communiqués; ils feront chargés de faire les mémoires, & de conduire les intrigues.

V.

Ne foyez jamais difficiles fur le choix des moyens; envifagez feulement l'effet qui doit en réfulter pour l'intérêt du Corps Philofophique. Il eft bon de tout fçavoir. Employez des efpions de deux efpèces, *d'illuftres* & de fubalternes. Les premiers feront les Philofophes mêmes; la feconde claffe doit être compofée de Parafites, que l'on payera pour réfider dans les Caffés, & fe répandre dans les tables publiques.

F.

V I.

Il est d'une politique bien vüe de prendre parti dans les grandes affaires des par-
culiers; nous serons rarement dans le cas
d'une parfaite neutralité; il faut solliciter
dans les procès célèbres, charger nos émis-
saires de répandre d'abord dans les Caffés
les propos les plus préjudiciables à la partie adverse ; ensuite nous accréditerons
leurs discours dans le grand monde. Si
malgré ces artifices notre ennemi triom-
phoit, n'ayons point l'air de nous mêlér
de l'affaire; s'il succombe, il faut attribuer
sa défaite à nos soins; c'est le moyen de
nous faire craindre & respecter.

V I I.

Choisissez bien le caractère des femmes; mettez celles qui sont jeunes & jo-
lies dans votre partie, & celles qui sont
sur le retour dans vos secrets. Cependant
flattez-les toutes, louez-les à l'excès; vous
ferez toujours crûs, & vous n'en direz
jamais trop; fabriquez-leur des réputations

d'efprit; imaginez fans ceffe cent jolis propos; faitez-les fortir de leur bouche; elles croiront aifément avoir dit tout ce que vous aurez penfé pour elles.

VIII.

Souvenez-vous qu'il faut s'emparer des avenües de tous les poftes confidérables de l'Etat. Placez dans tous les bureaux des adeptes choifis, & fur-tout introduifez des fécrétaires adroits chez les grands qui paroîtroient ne pas vous être favorables, afin d'être avertis de graces littéraires que les Auteurs ennemis feront folliciter auprès d'eux : alors vous employerez des moyens fûrs pour les perdre; car fachez qu'il faut être encore plus ardens à éloigner de nos détracteurs toutes fortes de biens, que foigneux d'en procurer à nos profé-lites.

IX.

Nous ne faurions trop répandre d'écrits; nous étonnerons par notre fécondité; nous ferons perdre de vue les écrits pu-

bliés par la fuperſtition. Enfin les efprits
étant différens, on ne fauroit trop varier
les moyens de nous les attacher.

X.

Ayez toujours les yeux ouverts fur les
talens ; ſi les jeunes Auteurs annoncent
des préjugés, ne vous effrayez pas. La
fuperſtition enchaîne l'efprit dès le berçeau ; les leçons d'un père qu'on refpecte,
occupent la mémoire d'une jeuneſſe encore
timide , & l'on n'échappe au joug du fanatifme qu'avec le tems & les circonſtances : alors imaginez toutes fortes de moyens, & faites jouer tous les reſſorts poſſi-
bles pour vous les attacher. L'indigence eſt
ordinairement le partage des jeunes Auteurs ; leur amour propre eſt flatté de voir
arriver à leur fecours des perfonnages
célèbres, & prefque toujours ils époufent
aveuglement le goût & les opinions de
leurs bienfaiteurs.

X I.

Adoptez une foule de maximes qui préfenteront des fantômes de vertu. Mais qu'elles foient toutes propres à féduire les fens & les paffions ; on les apellera des *vérités Philofophiques* ; nos Ecrivains auront foin de les répandre adroitement dans tous leurs ouvrages, & les feront reparoître fous mille formes diverfes. Notre ftile doit être violent & myftérieux. Couvert des apparences de l'humanité, l'égoifme doit être l'ame de nos difcours, & partout nous devons avoir l'air d'inftruire chaque citoyen au nom de la nation.

X I I.

Les jeunes Auteurs qui voudront parvenir aux honneurs de la Philofophie, feront enregiftrer, au bureau des chefs, les titres de leurs ouvrages.

X I I I.

Philofophes, écoutez ; entendez le fecret de vos conftitutions ; emparez-vous

de toutes les Académies littéraires, leurs
Temples doivent un jour devenir vos écoles, c'eſt-là qu'il faut marcher; cherchez-y
vos couronnes; ne précipitez rien, cachez
vos vues: c'eſt à une profonde diſſimula-
tion que cette gloire eſt réſervée. Ne con-
fiez l'exécution de cette haute entrepriſe,
à laquelle vos deſtinées ſont attachées,
qu'à des hommes froids qui, le compas
à la main, & calculant ſans ceſſe les moments & les circonſtances, hâteront par
leur prudence & leurs délais le triomphe
de la Philoſophie. Parvenus à ce degré
de pouvoir, croyez que vous êtes bien
prêts de la grande révolution; alors répandez la lumière, & parlez au peuple.

Tels ſont nos inſtituts, dictés par le
courage & le génie.

Je n'étois pas accoutumé à voir mon
Philoſophe garder ſi longtems le ſilence;
impatient de communiquer ſes profondes
réflexions, il prend la parole & nous dit:

La plûpart des grandes maximes que nous venons d'entendre, s'obferve journellement. J'appréhende néanmoins que nous ne précipitions un peu trop les événemens. En effet le fuccès n'a point encore pleinement répondu à nos efpérances. Nous crûmes, il y a quelque tems, que le moment décifif étoit arrivé. J'avoue que des circonftances brillantes fembloient nous l'annoncer, & pour obéir à ces derniers commandemens de notre inftitut : *Répandez la lumière & parlez au peuple*, jamais ardeur ne fut femblable à la nôtre. Cent ouvrages parurent fur le champ, & les provinces en furent inondées. Pour rendre nos progrès plus rapides, nous imaginâmes de créer des Philofophes de campagne. Notre projet fut de les établir dans de gros bourgs, dépendans des terres des grands feigneurs de nos amis: une protection fpéciale leur fut promife; ils devoient élever la jeuneffe felon notre efprit & nos mœurs, lorfque des hommes malfaifans fonnerent le tocfin, comme fi

le feu eût été dans toutes les provinces
du Royaume, & firent évanouir nos efpérances.

Vous parlez fans doute des Evêques,
dit un autre perfonnage. Vous fçavez
qu'ils fe font affemblés dans cette capitale :
ignorez-vous la démarche du grand Référendaire de la Religion? Nous fommes
répréfentés comme des impies & des blaf-
phémateurs, leurs dogmes les plus facrés
font attaqués, méconnus; la foi prête à
s'éteindre, la morale de l'Evangile remplacée par les vices du paganifme, & cent
autres traits femblables, font employés
pour former le tableau de la Philofophie.
Mais allons au fait : le but de cette dé-
clamation eft de fupplier Sa Majefte d'arrêter cette foule innombrable d'écrits
Philofophiques qui fe répandent dans le
Royaume, & qui felon nos Prélats, incen-
dient les cœurs, & portent par-tout l'efprit d'irréligion & d'indépendance.

On répondit à cette nouvelle par un grand éclat de rire.

Le personnage, qui venoit de parler, ne s'attendoit pas à un pareil accueil; c'étoit justement celui dont on m'avoit dépeint le caractère si bizarre & si contrariant. Il se préparoit à parler avec plus de force. Mais un autre le prévint & lui dit: gardons nous bien d'entreprendre de fermer la bouche à des harangueurs si utiles à l'Etat. Ne voyez-vous pas que c'est une affaire de *ferme*, & qu'il leur en coûte quatorze ou quinze millions tous les cinq ans pour présenter une requête inutile. Il leur seroit aussi facile de rassembler toutes les eaux de la Seine dans un vase, que d'arrêter le cours de nos écrits.

— Voilà qui est à merveille, dit le Philosophe contrariant. Mais vous supposez donc que notre crédit est supérieur à celui de tous les Evêques: certainément vous avez raison; je sais cependant que le Roi a bien reçu leurs remontrances, qu'il leur a promis d'interpofer fon autorité. En un mot, il le veut, & ils ont, difent-ils, pour garants de fa parole, la piété & la religion de leur augufte Monarque.

— Eh vraiment, c'eft-là une de ces opérations où l'autorité échouera toujours. Qui pourra nous empêcher de faire travailler les preffes des Hollandois & des Suiffes? Cette impoffibilité démontrée, la politique la plus févere fe rendra facile, fermera les yeux, & ne croyez pas que nos Libraires, quelque défintèreffement qu'on leur connoiffe, fe laiffent jamais enlever une branche de commerce auffi effentielle, foyez tranquiles. Ayons des Ecrivains dévoués à nos ordres, nous aurons toujours beaucoup de prôneurs, & la nation ne manquera jamais d'ouvrages Philofophiques.

— Je fuis de votre avis: mais fi les Miniftres de la Religion favoient bien s'y prendre, je ne penferois pas de même. Comment détourner une fource, fi elle eft inconnue? Pour fupprimer l'effet, il faut fupprimer la caufe; elle échappe à leurs yeux; mais s'ils la découvrent, croyez-vous.....

Il fut interrompu par mon Philofophe. Voilà bien fon caractère dans tout fon jour. Meſſieurs, continua-t-il, l'éclairciſſement eſt ici néceſſaire; donnons lui le plaifir fingulier de foutenir le contraire de ce qu'il penfe. C'eſt en effet un moyen fûr de nous inſtruire; il ne faut rien ignorer de tout ce que l'on pourroit entreprendre contre notre exiſtence.

Tout le monde applaudit à cette controverfe utile; pour moi j'en fus enchanté.

On vint nous avertir que nous étions fervis, & nous remîmes cette difcuſſion intéreſſante à notre féance de l'après-dinée.

L' A R R Ê T.

ON parla pendant le diner des forces actuelles de l'Europe. On me fit trembler pour l'humanité. Deux millions d'hommes fous les armes passerent fous mes yeux. Bientôt l'Asie plus fortunée fixa notre attention; le peuple Chinois, ses Dynasties, ses annales ne furent pas oubliés, & malgré le serment qu'on avoit fait de ne point parler de la philosophie , un d'entr'eux prétendit qu'elle avoit perdu ses plus anciens titres de nobleffe, depuis que plusieurs Savans lui avoient enlevé ses dix-huit mille ans d'antiquité, en démontrant que les Chinois étoient tout uniment une colonie d'Egyptiens.

Nous fortîmes de table, & nous ouvrimes notre seconde féance.

— Eh bien, Monsieur, dit le maître de la maison au Philosophe contrariant, l'affemblée vous engage à mettre au jour

un fyftême fuivi & un peu vraifemblable
de notre deftruction prochaine. On vous
fait jouer, je l'avoue, un rôle un peu
trifte; mais nous aurions fans doute moins
de douleur d'être étouffés par vos mains.
Que feriez-vous donc, Monfieur, pour
arrêter le cours de nos écrits ? Feriez-
vous couper les doigts de nos Auteurs?
Ils dicteroient encore la vérité. Nous feriez-vous voir des prifons, des gibets?
Mais pour qui feroit l'appareil de vos fup-
plices? Ignorez-vous que nos écrivains ne
font connus que de nous? Ne voyez-vous
pas que fous le voile impénétrable de l'*ano-
nime* ils attaquent les préjugés des Nations
comme ces anciens gladiateurs qui com-
battoient fous le mafque [a], & que,
par ce moyen, ils tromperont toujours
l'œil de la perfécution ?

— La perfécution! elle eft toujours
odieufe. J'accorderois aux Gens de lettres
une tolérance univerfelle.

(a) Ces gladiateurs Romains font connus
fous le nom d'*Andabates*.

— Y penfez vous? La tolérance...

— J'y penfe férieufement. Auffi je ne prétends vous détruire que par vos principes, vos maximes & vos aveux.

— Voilà un homme bien extraordinaire, s'écrièrent-ils tous enfemble.

— Je vais peut-être vous forcer de convenir de mon affertion. Je vous préviens que je vais devenir le défenfeur le plus forcené de la fuperftition, & fi j'ai le bonheur de ne pas vous convaincre, au moins je vous ferai trembler..... car je tremble moi même. J'ai à prouver que le Roi, par des moyens doux & faciles, peut, quand il le voudra, affoiblir tellement la puiffance de la Philofophie moderne, que bientôt il n'en refteroit aucun veftige dans fon Royaume.

Je dois auffi vous démontrer, que nos écoles feroient défertes, & ce que je ne puis prononcer fans douleur, plus d'encens, plus de ftatues pour nous!

Il faut vous prouver enfin que nos profélytes difparoîtroient, & que les plus fanatiques d'entr'eux, loin de chanter nos louanges, feroient peut être affez ingrats, pour nous fiffler eux mêmes. Vous voyez, Meffieurs, que je ne me diffimule pas les difficultés de mon entreprife. Suivant les principes de notre conftitution nous aurons toujours une multitude d'écrivains, tant que nous ferons obtenir à ceux qui nous font vendus, les penfions, & furtout les privileges des écrits périodiques fi néceffaires à notre célébrité; il n'eft perfonne qui ne convienne que le peu de fecours que les Gens de lettres reçoivent du parti contraire les force à nous faire hommage de leurs talens. L'intérêt, ce mobile des actions humaines, les décidera toujours; & quelle activité cet intérêt n'aura-t-il pas dans l'âme de jeunes Auteurs qui fouvent languiffent dans l'indigence? L'amour-propre, leur jeuneffe, l'attrait du plaifir, tout eft fait pour les féduire: voilà, Meffieurs, vos avantages; je ne déguife pas.

Mais ces mêmes moyens qu'une politique éclairée vous fuggère, peuvent êtres
employés à votre deftruction: ces graces,
ces penfions, on le tournera contre vous-
mêmes; maintenant ce font vos appuis;
mais une fois ces colonnes renverfées, le
temple de la Philofophie moderne s'écrou-
le; je ne vois plus que fes ruines.

— Ce font, Monfieur, vos principes
mêmes qui s'écroulent, dit un homme de
l'Affemblée: vous fuppofez que les graces
littéraires pourront un jour ceffer d'être à
notre difpofition. Ignorez-vous que la
puiffance de nos amis & de nos protecteurs
fera toujours la fource & le canal des graces?

— Vous avez raifon; mais fi les Evêques dont nous avons parlé, ou le grand
Référendaire de la Religion, dans fon
travail, répréfentoit au Roi, que les
moyens employés depuis longtems pour
arrêter nos progrès, font des digues trop
foibles, & que notre Philofophie toujours

ingenieufe en fes reffources, a mis fes
fe&ateurs à l'abri des ordres fuprêmes.
Si par hazard on fupplioit le Roi de
proclamer par un Arrêt folemnel, qu'on
ne pourroit déformais prétendre à aucune
penfion, à aucune faveur littéraire, fans
être connu par des ouvrages avoués du
gouvernement & de leurs Auteurs; que la
manifeftation du nom feroit exigée comme
une condition effentielle à l'obtention du
bienfait; qu'enfin tout écrivain convaincu
d'avoir fait un ouvrage contre la Religion,
feroit exclus à jamais de toutes les faveurs litttéraires.

— Arrêtez, s'écria-t-on; favez-vous ce
qui réfulteroit de votre Arrêt folemnel?
C'eft que nos Auteurs d'une main encen-
feroient la Philofophie, & de l'autre la
fortune : leurs écrits anonimes feroient
foudroyants; mais il fe feroient connoître
au public par des Comédies, des Tragédies, des Opera-Comiques, de jolis Ro-
mans, dans lefquels ils refpe&eroient les
préjugés de la Religion, & fouvent même

la peindroient avec majefté. Mais ils tour-
neróient fes myftères en dérifion, & pour
fe fouftraire à la rigueur des loix, ils auroient l'efprit de placer leurs blafphêmes
dans la bouche d'un idolâtre ou d'un fauvage. Nous les engagerions même quelquefois à mettre leur nom fur des ouvrages conformes aux circonftances & à l'efprit du gouvernement, & cette tâche
remplie, vous jugez avec quelle ardeur
nous ferions agir notre parti, pour leur
procurer des graces. D'ailleurs eft-ce à
vous de parler ainfi ? Connoiffez mieux
le Philofophe ; écrire pour la vérité,
fouffrir pour elle ; voilà fa gloire & fa
récompenfe.

— De pareils fentimens font fublimes:
mais prenez garde que dans le même inftant, vous faites du Philofophe un hy-
pocrite & un héros. Avant que de chercher à connoître & à définir le caraċtère
d'un Philofophe moderne, trouvez bon
que nous approfondiffions l'homme de tous
les tems: il cherche fon intérêt perfonnel ;

vous le répétés fans ceffe. Quel eft donc l'Auteur qui, fans un motif très puiffant, fe confumera dans des travaux & des veilles infructueufes, pour déclamer contre la religion dominante d'un Royaume dont il eft citoyen ? Vous prétendez qu'il écriroit, pour défendre la vérité ? Nous avons tant de fyftêmes differens, tant d'opinions contraires ; nous en changeons tous les jours. D'une main, dites-vous, il encenfera votre Philofophie , & de l'autre la fortune ; encore une fois quel fera le motif de fon hommage à la Philofophie ? La célébrité ? L'Auteur feroit obligé d'être fous le mafque. Son intérêt ? Mais il renonceroit à fa fortune. D'ailleurs il doit craindre d'être connu. Courra-t-il des hafards , quand il peut agir avec fûreté ? S'il eft doué d'affez d'efprit, pour écrire contre la Religion , il en aura fans doute affez pour la défendre ou pour fe livrer à des ouvrages d'agrément , & à une faine littérature. S'il ne croit pas à la religion; il refpectera dumoins dans cette religion

la créance de fon pays, de fes ayeux, &
pour peu que fa confcience l'inquiète, il
tâchera de l'accorder avec la fortune.

— En vérité, fon entêtement eft porté
à l'excès!.... Eh bien, Monfieur, vous
voulez un intérêt puiffant? on vous l'a
fait voir: vous defirez des écrits avoués
par le gouvernement? nos Auteurs ne cef-
feront d'en faire paroître. D'ailleurs eft-il
vraifemblable qu'ils foient jamais tentés
de nous abandonner? Quel feroit leur fort?
quand ils publieroient d'excellens écrits,
qui les feroient connoître? & fi leurs Livres
font médiocres ou déteftables, où trouve-
ront-ils des prôneurs? Ne fommes-nous
pas les feuls qui puiffions donner cette
célébrité, cette vogue du moment qui en-
traînera toujours dans notre parti la foule
des Ecrivains? Ce n'eft pas tout encore,
Monfieur; les difgraces que nous ferons
éprouver à nos ennemis, feront des exem-
ples fameux qui contiendront les Auteurs
dans le filence & le refpect. Enfin je penfe

que ce dernier tableau eſt fait pour vous convaincre.

Vos raiſonnements ſont ſpécieux; mais, Meſſieurs, je vous prie d'entendre le ſecond article de mon Arrêt.

Le Roi déclareroit encore: que pour aſſurer l'exécution de ſes volontés, Sa Majeſté doit déſigner un Miniſtre, ou même un Prince de ſon ſang, chargé de lui propoſer, dans un travail deſtiné à la diſtribution des graces littéraires, des Ecrivains vraîment eſtimés de la Nation. Ce Miniſtre, ou ce Prince religieux, ſous les ordres de Sa Majeſté, veillera ſur toutes les branches de la Littérature, objet eſſentiel d'où dépend la conſervation de la foi & des mœurs.

Ne voyez-vous pas, Monſieur le harangueur, dit froidement un grave perſonnage, que toutes ces précautions ſeroient encore inutiles? Je ne puis diſconvenir que le premier article de votre Arrêt nous porteroit un grand préjudice; mais il ne nous détruiroit pas. A l'égard du fecond, j'avouerai encore qu'il feroit beaucoup plus difficile de fe dérober à la vigilance d'un Prince uniquement occupé à diftinguer & à faire récompenfer les Gens de lettres, que d'échapper aux yeux d'un Monarque chargé du poids de tout fon Royaume. Mais alors c'eft le moment d'ufer d'une profonde diffimulation & de beaucoup d'adreffe; & je penfe que vous nous en accorderez un peu, ainfi qu'à nos protecteurs.

— Vous en avez prodigieufement; je le fais; mais on détourne quelque fois des rivières. Eft-il bien fûr que l'efprit de notre nation, ne prendroit pas un autre cours? Doutez-vous que, fi le Roi confignoit dans un Arrêt auffi folemnel fon refpect pour la Religion, les perfonnes illuftres qui vous protégent, ne faififfent l'efprit de leur maître & ne s'empreffent de s'y conformer? Vous connoiffez les hommes, & furtout ceux de la

Cour. Je n'affirme rien. Je puis me tromper ; j'avoue que ce que j'avance n'eſt pas rigoureuſement démontré, mais convenez auſſi à votre tour, que cette queſtion importante reſte du moins bien problématique.

— Eh, Monſieur, laiſſez-là vos problêmes. Pourquoi chercher tant de détours ? Que n'avez-vous recours, pour l'exécution de votre admirable projet, aux perſécutions ?

— Vous le ſavez, Meſſieurs, je ne vous ai annoncé que la tolérance.

— Plaiſante tolérance ! c'eſt une véritable inquiſition.

— Quoi, un homme de lettres, eſtimé de ſa nation, ſera préféré dans la diſtribution des graces, à un Auteur ſuſpect & dangereux ; & cette préférence, vous l'appellerez une perſécution ? Depuis quand le refus d'un bienfait volontaire eſt-il réputé une véxation odieuſe ? Je conviens que nous fommes un peu gâtés, & que les hommages & la confidération qu'on nous accorde, nous rendent fi dif-ficiles, qu'à la défaveur la plus légere nous crions à l'intolérance. Mais puifque nous portons le nom de Philofophes, ne foyons ni injuftes, ni extravagans; exa-minons les difpofitions de cet Arrêt. Nous annonce-t-il des profcriptions? Il nous laiffe tranquilles dans le fein de nos fa-milles, dans la Capitale, préchant, dog-matifant, écrivant au milieu de nos com-patriotes, & débitant nos maximes à tous ceux qui voudront les entendre. Fut-il jamais une plus grande liberté?

— Voilà un beau phantôme de liberté, qui ôteroit à nos écrivains les douceurs de la vie, & leurs fermeroit tout accès à la fortune.

— Eh vraîment, vous appercevez en-fin le but de l'Arrêt. Mais convenez que vous avez vû l'inquifition dans une loi qui ne refpire que la douceur & la tolérance. Cette

Cette difcuffion commençoit à jetter quelque trouble dans l'affembléc. Je m'apperçus que plufieurs perfonnages rêvoient affez triftement fur tout ce qu'ils venoient d'entendre; mon Philofophe entr'autres s'étoit levé & fe promenoit à grands pas dans la bibliothêque; je le vis fur le champ fe placer derrière notre Orateur, & nous avertir par des fignes, d'avouer qu'il avoit raifon, ou du moins de lui laiffer préfumer que tout le monde en étoit convaincu. En effet la trifteffe fe répandit fur toutes les phyfionomies; quelques-uns jouerent le défefpoir comme les meilleurs Comédiens.

— Cela n'eft que trop vrai, s'écrioit celui-ci. — Il nous a démontré notre perte, s'écrioit l'autre.

— Cependant, Meffieurs, dit cet homme extraordinaire, je penfe que nous avons de grandes reffources.

— Nous n'en voyons aucune, lui dit-on; tout eft perdu.

G

— Eh bien, Meſſieurs, vous le croyez ; je ne ſuis pas de votre avis ; je penſe au contraire que nous ſommes indeſtructibles.

— Il ne ſuffit pas de le dire ; il faut le prouver. Votre Arrêt nous épouvante.

— Tranquillifez-vous, Meſſieurs. En admettant toute la rigueur de mes principes, vous aurez toujours à vos ordres les écrivains & les talens. Fût-il jamais un intérêt plus puiſſant, pour ſéduire les Auteurs, que vos couronnes littéraires ? L'honneur d'être admis dans vos aſſemblées, eſt le terme de l'ambition du Génie.

— Je l'affirme, Meſſieurs, le chef-d'œuvre de notre politique, eſt de nous être emparés du ſceptre de la littérature. Quel eſt l'écrivain aſſez hardi, pour oſer approcher de nos portiques, s'il n'eſt voué à la Philoſophie, & s'il n'appuie ſes prétentions ſur une foule d'ouvrages furtivement imprimés ? Ces couronnes & la gloire d'être aſſis parmi nous, éternifent la

durée de notre République [*]. Oui, fi
nos opérations ne font pas traverfées, &
qu'on nous laiffe encore dix années les
maîtres de difpofer des faveurs littéraires;
je prétends que non feulement nous ferons
indeftructibles, mais que tout culte fuperftitieux fera banni de la France; & s'il
faut une religion pour le peuple, nous en
introduirons une plus tolérante & plus
commode.

Enfin, s'écria-t-on d'une voix unanime,
voilà fon opinion; il fe montre digne de
nous.

— Oui, Meffieurs, ajouta cet homme
fingulier, les reffources qui nous reftent

---

[*] J'ai obfervé dans mon féjour en France,
que les Corps littéraires de ce Royaume comp-
tent parmi leurs Membres des perfonnes célèbres par leurs talens & leurs vertus; mais
depuis longtems on voit avec douleur dans
quelques-uns de ces Corps illuftres, le mal lut-
ter contre le bien; & ce n'eft point une héréfie
en moralité de préfumer que le mal tôt ou tard
doit avoir le deffus.

font certaines, je l'affirme. Un feul événement peut-être pourroit nous embaraffer;
j'avoue que fi ce malheur avoit lieu, nous
ferions perdus. Mais je ne puis vous en
parler; c'eft mon fecret.

A ces mots il s'élève un murmure général. Homme déteftable, s'écria mon voi-
fin, quel eft donc ce fecret?

— Je vous en ai déjà trop dit. Au refte
je ne vous trahirai pas.

La féance finit. Tout le monde fe lève
& le regarde avec indignation.

Cet homme inconcevable voulut en
vain calmer l'orage qu'il avoit excité. Je
vois, Meffieurs, leur dit-il, que vous m'a-
vez en horreur : tranquillifez-vous fur
l'Arrêt projetté. Je vous affûre que le Roi
n'en aura aucune connoiffance & que l'idée
n'en viendra jamais au grand Référendaire.

Indigné de tout ce que je venois d'entendre, je fortis: font-ce-là, me difois-je,
ces Philofophes dont la France s'enorgueil-

lit, qu'admire l'étranger, que je fuis venu moi-même confulter fur le choix d'une religion ? quelle extravagance! quels principes! que d'intrigues! Ces reflexions me firent prendre la ferme réfolution de les abandonner ; je reconnus enfin que leur commerce n'étoit propre qu'à retrécir l'efprit, à flétrir le cœur; & même en écoutant mes paffions, je fentis que leurs funeftes maximes affoibliffent & dégradent jufqu'aux plaifirs qu'elles authorifent.

G 3

L'HUMANITÉ PHILOSOPHIQUE.

J'Etois plongé depuis long-tems dans les délices de Paris, lorsque les devoirs de ma charge m'apellent à Vienne. Les liens qui m'attachoient loin de ma patrie étoient trop forts, pour être rompus sans violence; je voyois avec douleur approcher le moment de mon départ; mes parens se prêtoient à mes vûes, & je ne pouvois douter qu'ils ne sollicitassent la prolongation de mon séjour en France; mais le succès de leur demande étoit encore incertain, quand j'appris que l'Empereur étoit dans la résolution de venir à Paris. On m'annonçoit en même tems que j'étois destiné a lui faire ma cour dans cette ville. Cet événement combla mes vœux; j'attendis mon Souverain dans les plaisirs & je partageois avec tout Paris le desir impatient de le voir arriver.

Le grand monde que je fréquentois &
la variété de mes amufemens me firent
entièrement perdre de vüe les Philofophes.
J'en rencontrois cependant quelques uns
chez Madame De ***, qui, par amitié
pour moi, les recevoit plus rarement.

Enfin l'arrivée de l'Empereur éxigea
de moi un nouveau genre de vie, & m'af-
fujettoit à des devoirs. La préfence de mon
Souverain impofoit à ma frivolité, & je
jouiffois des hommages que l'on rendoit à
fes vertus. J'obtins de S. M. I. la permiffion de refter encore deux ans à Paris. La
veille de fon départ, ce Prince me dit
qu'il me deftinoit à remplir un jour des
Ambaffades importantes, & qu'il efpéroit
de me revoir à Vienne, affez inftruit par
mes voyages, pour répondre aux vües qu'il
avoit fur moi.

Me voici arrivé à une des plus grandes
époques de ma vie. Cet événement n'eft
point étranger à ces mémoires; il eft même
la vraie caufe qui me les a fait écrire. Je

G 4

n'avois pas oublié le délicieux séjour de la
terre de Madame de *** ; la faifon l'invitoit à ce voyage ; il étoit arrêté & je devois la fuivre ; tout étoit prêt pour notre
départ ; je fus obligé de me rendre à Ver-
failles où je demeurai plufieurs jours. J'y
reçus un exprès fort avant dans la nuit,
qui m'apportoit une lettre ; je l'ouvre &
j'apprens que cette femme fi chère à mon
cœur, vient d'être frappée d'une maladie
violente. On me marquoit d'arriver promptement. Les idées les plus finiftres fe préfentoient en foule à mon efprit. Je partis
fur le champ, & dans ma douleur je m'é-
criai : fi la mort me la ravit, je ne tiens
plus qu'à mes maux ; j'arrive ; on défef-
peroit de fes jours ; mon nom étoit le feul
qui fortît de fa bouche ; je m'avance vers
fon lit ; je fuis faifi d'effroi. A la clarté
d'un flambeau, j'apperçois un vifage pâle,
défiguré, & toutes les horreurs de la mort.
Elle me reconnoit ; fes yeux mourants fe
fixent fur moi ; elle veut me parler ; fes
paroles expirent fur fes lèvres ; je m'ap-

proche; elle me ferre la main, ferme les yeux, & tombe fans connoiffance; avec peine on ranime fes fens ; les Médecins l'abandonnent & fe retirent; on me fait éloigner moi-même, & fans fortir de la chambre, je me dérobe à fa vue. Dans un faififfement qui me rendoit prefque immobile , j'appercevois difficilement les perfonnes qui m'environnoient. Je reconnus cependant avec un effroi dont je ne fûs pas le maître, deux Philofophes célèbres que je n'avois pas vûs depuis longtems. L'un d'eux profita d'un moment de calme, pour s'approcher de cette infortunée; il lui parloit fort bas, & j'ignore ce qu'il pouvoit lui dire; mais après un difcours affez long, j'attendis ces paroles fortir de la bouche de la mourante: je vais donc être anéantie! Quel moment! Vous me faites frémir.... Mais fi vous vous trompez, Monfieur.... que vais-je devenir?

G 5

Elle m'appelle ; j'accours à ſa voix : &
vous, me dit-elle, en me tendant les bras,
que me conſeillez-vous ?

Je ne pouvois entendre ; je me voyois
mourir ; je ne répondis que par mes larmes.... Cruel ami, ajouta-t-elle ; eſt-ce
ainſi que vous me conſolez ?

Nous la vîmes ſe rouler dans ſon lit de
mort, le délire ſuccède à ſes gémiſſemens ;
elle tombe dans l'agonie. J'entendois parler avec chaleur dans la ſalle voiſine ;
c'étoit un Miniſtre de la Religion, qui
ſupplioit, les larmes aux yeux, qu'on l'in-
troduisît dans la chambre. Un des Philoſophes dont je viens de parler, en fut
averti ; il prit ſon ami par le bras : reti-
rons-nous, lui dit-il ; nous avons rempli
tous les devoirs de l'*humanité*. Madame
ſe meurt ; ſa raiſon eſt éteinte ; on peut
actuellement laiſſer entrer les Prêtres.

Auſſi-tôt un homme reſpectable s'a-
vance vers le lit & détourne les yeux.

Jamais confternation ne fut femblable à la fienne. Plus de reffource, s'écria-t-il; & dans fa douleur, il tombe profterné. Le plus affreux filence regnoit autour de la mourante, & je n'entendis plus que fon dernier foupir.

LES DOUTES.

INſtruit de la perte que je venois de faire, mon ami ne tarda point à ſe rendre auprès de moi; je le vis d'abord partager mon affliction, & mêler ſes larmes aux miennes, pour me rappeller à moi-même, cet habile & ſage conſolateur entretenoit doucement ma mélancolie; il détournoit adroitement ma douleur en gémiſſant avec moi ſur les maux inévitables & communs à tous les hommes; il ne me quittoit plus. Inſenſiblement pluſieurs de ſes amis s'introduiſirent auprés de moi. Une des perſonnes que je voyois le plus ſouvent, me conduiſit dans ſa maiſon de campagne; j'y reſtai long-tems, ſans qu'il me fût permis de lui annoncer mon départ, & ſans pouvoir le deſirer moi-même. Chaque moment m'offroit une variété ſingulière de plaiſirs conformes à ma ſituation douloureuſe, & les objets de diſſipation ſem-

bloient fi naturellement naître les uns des
autres, que je m'apperçus à peine qu'ils
étoient l'ouvrage d'une tendre & ingénieufe amitié. Des attentions fi recher-
chées euffent calmé l'efprit de la plûpart
des hommes ; elles me plûrent dans les
premiers momens, & finirent par aigrir
ma douleur.

Cependant je repouffois avec plaifir des
fiftêmes qui avoient fait fentir fi cruellement à Madame ***, la perte de la vie &
les terreurs de la mort, je jugeois, qu'une
opinion fi terrible pour nous à nos derniers moments, ne pouvoit qu'être fauffe ;
je regrettois l'heureufe perfuafion de mes
premiers années, le préfent me rappelloit
ce que j'avois perdu, fi quelquefois je dou-
tois de l'avenir ; dans d'autres momens,
il eft vrai, mon cœur cherchoit encore
ce qu'il aimoit au-delà du tombeau. Si
nous étions certains, difois-je, que tout
finit à la mort; pouroit-on gouter le bonheur d'une vie innocente ? Hélas ! nous
verrions les douceurs de l'amitié & la beau-

té de la vertu s'évanouir, comme un mou-
rant voit les objets fenfibles entrer avant
lui dans le tombeau.

Enféveli dans ces triftes réflexions, je
me promenois affez loin du Château; je
vis fortir par une petite porte qui donnoit
dans les champs, un homme de ma connoiffance. Il m'aborde avec l'empreffement
de l'amitié, me dit qu'il étoit venu paffer
quelques jours à la campagne, & que les
jardins qui s'offroient à ma vue dépen-
doient de la maifon où il étoit; il m'enga-
gea à m'y promener; j'y confentis. Il me
faifoit admirer la beauté de ce lieu, lorfque
nous fûmes joints dans une allée par un
vieux Philofophe qui me parut affez frivole, quoiqu'il parlât fort gravement. Il
fit tomber la converfation fur des objets
intéreffans. J'avois de l'humeur; je le
contrariai deux ou trois fois d'une manière
peu honnête; mais au lieu de s'offenfer,
il fe rendoit à mon avis; je ne fais comment il s'y prenoit; il ménagea fi bien mon
amour propre, que je me vis obligé de

l'approuver à mon tour. Il convenoit que mes raifonnemens détruifoient les fiens; il trouvoit mes réponfes fortes, & fes principes très-incertains; mais tel étoit felon lui le réfultat ordinaire de la plûpart des difputes: on finiffoit par douter foi-même de ce qu'on avoit avancé, quoiqu'on eût rarement affez de bonne foi, pour en convenir. Cet homme étoit perfuafif, & ne difoit cependant que des chofes vraifemblables; je le trouvois amufant & inventif; il parla fi bien, que je fortis, convaincu que nous avions tort tous les deux, & que tout homme qui voudroit affirmer quelque chofe, devoit fe tromper plus ou moins. Je ne puis dire le mal qu'il me fit. Sans échauffer mon efprit, il avoit fi bien embrouillé mes idées, que je ne croyois plus qu'il fût poffible de rencontrer une vérité. Je pris congé de ces deux hommes, & je m'en retournai dans la plus cruelle agitation. La vüe de mes vrais amis me fit cependant un fi grand plaifir, que je crüs pouvoir leur cacher mon humeur

& la caufe qui l'avoit produite ; mais je ne tardai pas à retomber dans des accès de trifteffe qui me furmontoient malgré moi. Ce même jour, fatigué de mes doutes, encore plein des funeftes maximes d'une fauffe Philofophie, ne pouvant plus me fupporter moi-même, j'entrai dans une efpèce de délire, j'en frémis encore; j'ignorois que j'étois entendu....

Que ne puis-je, m'écriai-je, me dépouiller des fentimens qui me tourmentent ! Qu'eft ce que la confcience? Ne vois-je pas tous les jours qu'elle me condamne ou me juftifie fuivant l'efpèce ou la force des penchans qui m'entrainent? Pourquoi violenter la nature ? Saififfons des momens qui ne reviendront plus; on fe repent quelquefois d'avoir été trop homme de bien ; la vertu a fes regrets comme le crime ; le remord eft un mot qui exprime le repentir de quelque genre qu'il foit (*). Mon ami m'obfervoit &

(*) Quand je parlois ainfi, je rejettois l'idée

m'écoutoit depuis long-temps ; il parut
tout à coup : votre ſituation eſt bien af-
freuſe, me dit-il ; la douleur égare votre
raiſon ; mais bientôt le calme ſuccedera
peut-être à ces penſées orageuſes qui vous
accablent.

Quoi ! m'écriai-je ! Vous me parlez toujours de calme ; & je ſuis ſubmergé par
la tempête ! oui, la juſtice & la vertu ne
ſont que des chimères, puiſqu'elles dépen-
dent des ſyſtêmes des hommes ; car enfin
ſi la raiſon nous dit qu'en ſuppoſant un
autre monde nous devons fuir & mépriſer
dans celui-ci tout ce qui peut nous affoiblir
& nous corrompre ; quel langage tiendra
cette même raiſon, ſi l'ame doit être
anéantie ? Tout m'afflige ou m'éblouit ;
rien ne m'éclaire & ne m'encourage. La
vie eſt ſi courte ; notre cœur ſi foible ; no-

d'une autre vie. Quoique je fuſſe dans le délire ; je raiſonnois conſéquemment ; car il eſt
abſurde de croire que notre ame doit étre anéantie, & de croire en méme tems à la vertu.

tre efprit fi borné. Je voudrois bien quelquefois faire ployer ma raifon fous une
autorité peut être néceffaire ; mais je ne
vois rien dans cette vie qui puiffe me raf-
fûrer, & rien au delà du tombeau que je
puiffe croire.

— Vous méprifez, me répondit Arfene,
un monde que vous connoiffez ; mais ne
vous flattez pas de paffer doucement vos
jours dans une indifference abfolue pour
cet autre monde qui vous eft inconnu.

— J'éviterai les grands crimes ; je fuirai
les paffions violentes, & je me livrerai fans
remords à ce qui pourra flatter mon orgueil & mes fens. Au refte je compte un
peu fur la fageffe de la nature ou fur la
bonté de fon auteur. Quoi qu'il en foit,
je tâcherai de fupporter la vie, fans fonger
à la mort.

— Eh! croyez-vous qu'on dépofe à fon
gré l'efpérance & la crainte ?

— Je ne fais, lui dis je en foupirant, ce que je puis & ce que je defire. Je fais feulement que je voudrois acquérir une heureufe indifference ; je voudrois reffembler à la multitude des hommes, & furtout à la plûpart des Grands ; éloigner les réflexions triftes ; agir beaucoup ; penfer peu : c'eft une affaire d'habitude.

— Vous fouhaitez l'impoffible. Avec un caractère comme le vôtre, vous ne perdrez jamais de vüe cet avenir dont l'afpect fera déformais votre bonheur ou votre fupplice ; il faut opter. Ce Dieu fi bon fera pour vous un phantôme effrayant qui vous fuivra fans ceffe, fi vous cherchez à effacer fon image ; & fi vous ne pouvez y croire affez pour l'aimer, vous y croirez toujours affez pour le craindre. Si vous étiez femblable à ces ames viles qui font, pour ainfi dire, clouées fur la terre ; votre vie pourroit s'écoûler dans une léthargie honteufe, troublée feulement par des rêves inquiétans : mais toujours contraire à vous-même, vous avez fait des efforts pour vous perdre, vous aurez la force de vous retrouver. Vos Philofophes confirment eux-mêmes la vérité de mes paroles: ils font bien éloignés de cette ftoïque indifférence. Voudriez-vous adopter des fyftêmes qu'ils trouvent eux-mêmes fi peu vraifemblables, que défefpérant de convaincre leurs lecteurs, ils emploient, pour les féduire, tout ce qui peut entraîner l'imagination & les fens? Eh quoi! vous avez fi bien appris à les connoître; cette grande révolution qui devoit changer vos vües, n'auroit-elle aucune fuite? Enfin croyez-vous que l'on puiffe être heureux & tranquille, quand on penfe quelquefois que notre arrêt de mort eft prononcé, fans favoir ce qui nous attend au-delà du tombeau? Pourquoi fommes-nous, dans de certains momens, fombres & inquiets fans en connoître la caufe? C'eft que l'homme, malgré lui, craint & defire pour cette vie & pour l'autre. Mais quand même vous pourriez oublier dans les plaifirs ou dans les maux de la vie la

juftice d'un Dieu; vous verrez peut-être
avec effroi la perfidie de vos amis, leur
réfroidiffement, les horreurs de la mort.
Alors les chagrins du préfent, la trifte ré-
minifcence du paffé rappelleront vos incertitudes & ranimeront encore le defir
douloureux d'un bonheur que vous ne
croirez plus. D'ailleurs mon cher Baron,
on craint d'autant plus les hommes, que
l'on efpére moins en celui dont ils dépen-
dent; de forte qu'on ajoute aux terreurs
d'un avenir incertain, qu'on ne peut entièrement détruire , une fenfibilité plus
grande pour cette foule d'événemens qui
forment le tiffu de notre vie. Je connois
un athée qui vit fans foi, fans efpérance;
il croit toujours qu'il a contre lui les événemens & les hommes; dans les moindres
malheurs , il fe voit nud , défarmé, &
comme abandonné dans la foule; il penfe
toujours qu'on l'infulte ou qu'on l'oublie;
il croit être environné d'un filence de
mort. Voulez-vous reffembler à cet infortuné?

J'étois attendri : je ne fais , répondis-
je , ce que je voudrois être ; j'efpére fi
peu ; j'aurois tant de chofe à croire & tant
à pratiquer.

— Ne comptez-vous pour rien , m'a-
jouta t-il avec vivacité , la noble réfigna-
tion , les purs facrifices d'une ame grande
& fenfible qui croit & qui veut croire
tout ce qui lui femble jufte , néceffaire &
fublime ? Rejettez toujours ce qui vous
dégrade & vous rabaiffe , & croyez , fans
héfiter , tout ce qui peut vous donner à la
fois une opinion plus chère & plus noble
de vous-même ; après avoir vécu comme
un fage , vous mourrez comme un héros,
en efpérant un fort meilleur.

— Cela peut être : mais que répondriez-
vous à un Poète de nos jours qui nous dit
que cette lueur d'efpérance eft plus que
balancée par des pratiques ennuyeufes ?
— Je lui dirois que cette efpérance , quelque foible qu'on la fuppofe , eft un tréfor
pour qui vivoit dans une indigence abfolue.

Vous n'aviez rien tout-à-l'heure ; vous
posſédez à préſent quelque choſe ; & j'oſe
avancer que vous n'achetez pas même cette
eſpérance que vous venez d'acquerir, puiſqu'il faut après tout vous priver des plaiſirs du crime , ou renoncer à la paix que
donne la vertu. Qu'éxige le Dieu que nous
révérons ? Il vous preſſe de joindre à la
pratique des devoirs & à l'amour de la
juſtice la noble crainte d'un témoin incor-
ruptible qui ſera votre juge & votre ami,
qui vous promet de vous aider toujours à
faire le bien , & de pardonner toujours le
mal, quand il verra votre repentir.

Ces derniéres paroles m'euſſent entraîné
ſans une objection que je trouvois inſolu-
ble. Dans votre Religion, répondis-je,
à quoi ſert la juſtice ſans la foi ? Et la foi
peut-elle s'allier avec des doutes comme
les miens? Je ne vois plus rien de probable
ni rien d'impoſſible ; en un mot je ne crois
pas, & ſelon vous, il faut croire & même
affirmer. Je conviens que votre morale eſt
raiſonnable & ſublime ; mais vos myſtères

révoltent la raifon ; ils font abfolument contraires à des idées fi claires & fi fim-ples, qu'elles font en nous , malgré nous-mêmes.

— Vous devriez donc , répliqua-t-il, en conclure que ces myftères n'ont jamais pû être inventés , & que fans un miracle évident , jamais on ne les eût adoptés. Mais indépendamment de cette réflexion fi naturelle que l'on ne ceffe de faire, & qu'on ne réfute jamais, j'efpère dans la fuite accorder tellement votre raifon avec la foi, que ces étonnantes vérités vous paroîtront non feulement poffibles, mais très-croyables.

Au refte quand vous feriez matérialifte, quelle idée pourriez-vous avoir des refforts cachés & des voies fecrettes qui opèrent à notre infçû les miracles de la nature? Si vous pouvez tout à coup entrer dans fon fanctuaire, n'êtes-vous pas convaincu que vous verriez apparoître à l'inftant des vé-rités nouvelles, auffi étranges & peut-être

auffi

auſſi contraires à la trempe de votre eſprit, que ces mêmes myſtères que vous croyez abſurdes & impoſſibles?

Je réfléchis quelques momens, & je me trouvai plus tranquille. J'éprouvois une ſatisfaction qui m'avoit été juſqu'alors inconnue. Tout ce qui s'offroit à mes yeux ſe préſentoit ſous des images plus riantes; je croyois ſentir que les funeſtes principes de mon éducation commen‑çoient à s'évanouir.

Nous nous ſéparâmes; je me retirai dans mon appartement. J'étois occupé de pen‑ſées ſi nouvelles, que j'avois peine à me reconnoître. Je compris enfin que je n'a‑vois jamais approfondi les vrais motifs de mon incrédulité; il me ſemble que je ve‑nois d'entrer dans une région moins ob‑ſcure; j'eſpérois qu'une lumière ſupérieure à la raiſon des hommes pourroit un jour pénétrer dans mon cœur; je m'apperçus que je priois, ſans le ſavoir; mes yeux ſe fixerent inſenſiblement ſur un vieux ta‑

H

bleau qui repréſentoit le Dieu de mes pères, priant pour les hommes... J'étois ému; je m'écriai tout à coup: j'ai beſoin d'un ami, d'un protecteur, d'un père; voulez-vous m'en ſervir, vous que j'ai toujours méconnu, dont je doute encore & que j'offenſe peut-être? Et je remerciois celui que je venois d'invoquer, comme s'il eut éxaucé ma prière. Ainſi le commerce des impies, mes paſſions, mon déſeſpoir même, tout devoit un jour réveiller ma raiſon... J'aimois un objet periſſable... Il meurt... la vérité m'attendoit ſur ſa tombe.

LE VRAI PHILOSOPHE.

QU'on fe repréfente un homme qui, après avoir vainement cherché à trois cent lieues de fon pays la paix de la confcience, ou le calme d'un cœur endurci, voit mourir, dans les horreurs du doute, l'objet déplorable d'une paffion qui lui eft encore chère. Telle etoit ma fituation. J'étois loin d'Arsène; c'étoit le nom de cet ami fage dont j'ai fouvent parlé dans le cours de ces Mémoires. Je ne l'avois point vû depuis notre dernière converfation; il étoit allé dans une province voifine terminer des affaires importantes. Son départ m'avoit engagé à retourner à Paris, où je vivois dans une profonde folitude. Je me rappellois tous les jours la perte que j'avois faite, les difcours & les réflexions d'Arsène, l'amitié courageufe & la religion compatiffante de cet homme heureux & raifonnable; j'étudiois mon propre cœur;

je fentois que mes doutes pouvoient finir. D'accord avec moi-même, je n'étois point accablé par l'ennui qui fuccéde aux paffions violentes ; mes regrets affez vifs , pour m'occuper , me paroiffoient cependant moins amers ; je defirois de m'entretenir encore avec Arsène, quand je le vis entrer chez moi.

— Etes-vous plus heureux, me dit-il, en m'embraffant ? votre cœur s'ouvre-t-il à l'efpérance ?

Je lui montrai le fond de mon ame , & je lui parlai long-tems de cette bizarre prière que m'avoit arrachée un fentiment inexplicable ; elle ne pouvoit fortir de mon efprit ; je regrettois ces inftans d'illu-fion ; car j'appellois ainfi l'action peut-être la plus fage de ma vie.

— Ah! mon cher Baron, s'écria-t-il en verfant des larmes de joie ; vos doutes ne font plus dans votre cœur, & votre efprit les connoit à peine ; ils ne doivent pas vous inquiéter ; vous les mépriferez un jour ; mais je vous confeille de chercher à vous diftraire. Choififfez dans vos amis ceux dont le commérce eft agréable & fûr ; voyez-les fouvent ; il eft des ames qu'une trop longue folitude affoiblit. Je fis ce qu'il defiroit ; je fréquentai des perfonnes que j'avois trop négligées. Quelquefois je rencontrois de ces faux Philofophes dont la fociété me plaifoit autrefois. Je leur marquois peu de confiance & d'égards ; je voyois Arsène prefque tous les jours; je lui faifois part des queftions fingulières que j'entendois difcuter ; fouvent il en rioit , fans trop réfuter les raifonnemens qui m'avoient embarraffé; il craignoit d'embrouiller encore mes idées ; je m'apperçus qu'il fe méfioit un peu des retours de mon imagination. Un jour cependant que je l'avois engagé dans une difpute affez opiniâtre, il me répondit avec une force & une précifion qui m'étonnerent, je le trouvois fi raifonnable, fon zèle avoit quelque chofe de fi tendre & de fi impofant, que je lui dis avec un

tranfport dont je ne fus pas le maître ; je
ne crains point, mon cher Arsène, de laffer
votre amitié ; vous me pardonnerez mes
inconféquences ; achevez votre ouvrage.

— Ce que je pouvois faire , je penfe
l'avoir fait ; j'en bénis le ciel ; mais je
vous deftine un autre maître. Je fuis lié
depuis longtems avec un homme d'un favoir profond & d'un efprit rare, fa vertu,
fon aménité augmenteront votre amour
pour le vrai; il vous infpirera ce refpeét
& cette confiance qui nous rendent plus
attentifs; & je fuis fûr qu'il vous aimera.
Le mariage d'une de fes nièces l'a depuis
quelque tems amené dans cette capitale; il
réfide ordinairement dans une de fes terres,
où il doit retourner fous peu de jours ; &
je ne doute pas qu'il ne vous prie d'aller
dans la belle faifon, paffer quelques mois
avec lui. Cette propofition me fit tant de
plaifir, que je voulois fur le champ me
faire conduire chez un homme d'un mé‑
rite fi diftingué. Arséne défiroit de le pré‑
venir ; pour fatisfaire mon impatience ,

il me promit de le voir ce jour même, & de hâter l'inftant de notre entrevue. Le lendemain il m'apprit que fon ami étoit obligé de s'abfenter, & qu'à fon retour il me verroit avec plaifir.

Je paffai avec Arsène une grande partie de la journée. Sa converfation pleine & agréable ne me laiffoit ni le temps de me laffer des chofes férieufes, ni celui de m'arrêter fur des bagatelles; il me confeilla de me livrer à des lectures fuivies, pour me mettre en état de profiter des lumiè-res de fon ami, & me dit qu'avant de lui expofer mes doutes, je devois tâcher d'en mieux difcerner l'objet. Je le priai de m'indiquer les Livres qui me convenoient le mieux, il me propofa d'abord le *Syftême de la Nature*. Je ne pouvois croire qu'il parlât férieufement; il infifta, je connois, me dit-il, la trempe de votre efprit, & je vous affûre que dans la pofition où vous êtes, je ne vois pas d'ouvrage qui puiffe vous faire autant de bien. L'Auteur, con-

tinua-t-il en fouriant, ne prouve pas di-
rectement les vérités de la foi ; mais il
démontre qu'on ne peut les nier fans tomber dans l'abfurde. Ce Philofophe n'eft
plus odieux , que les autres , que parce
qu'il eft plus conféquent ; vous verrez
jufqu'où il faut aller quand on veut détruire nos prétendues fuperftitions; car cet
homme contraint par la force du raifonnement, le déifte flottant, à fe faire athée
ou chrétien. Heureufement fon Livre ennuyeux a fait peu de mal , parce qu'il
faut être bien pervers ou bien infenfé, pour
ne pas haïr & méprifer également fes principes & fes myftères ; car fes principes
font horreur , & fes myftères font plus
qu'inconcevables ; ils font évidemment
impoffibles.

Je voulus relire ce même ouvrage
qu'on m'avoit fait admirer autrefois; les
premières pages m'indignerent; je ne pus
achever. Je parcourus rapidement d'autres
écrits du même genre; en tout je lifois
peu & je méditois beaucoup.

Le retour de l'ami d'Arsène ne pouvoit être éloigné; j'éprouvois une satisfaction secrette dans l'impatience même de le voir; je m'applaudissois d'avoir enfin rencontré de véritables Philosophes. Cette réflexion me conduisit un matin chez Arsène; je le trouvai dans la chaleur d'une conversation qui m'auroit fait rire, si elle ne m'avoit pas intéressé: il disputoit avec un homme dont le regard dur & sévère annonçoit la plus noire mélancolie; rien ne contra-stoit mieux que son air sombre & inquiet & la douce sérénité qui regnoit sur le front de mon ami.

— Vous arrivez fort à propos, me dit Arsène; je dispute avec Monsieur; nous ne sommes point d'accord, & je vous prens pour juge.

— Votre juge est bien jeune, répond cet homme attrabilaire; bientôt vous au-rez pour vous la frivolité, & avec elle presque tous les hommes. En disant ces mots, il nous regarde avec dédain, & se retire.

H 5

— Vous êtes fans doute impatient , me dit Arsène , d'apprendre quel eft cet homme fingulier ? Vous faurez qu'il dé-grade la pureté de fes mœurs, & la pratique de plus hautes vertus, par la dureté de fon caractère. Hélas, l'auftérité de la vie ne guérit pas les bleflures de l'orgueil, & quelquefois elle endurcit encore le cœur ; ce n'eft qu'en s'humiliant , que l'homme recouvre la première grandeur de fa pure origine. S'il connoit fa foibleffe & fes devoirs, celui qui lit au fond des cœurs, augmente fa force ou adoucit fon joug.

— Mais qui peut juger, lui répondis-je, la mefure de fes forces, & l'étendue de fes obligations ?

— Je fais, repartit Arsène, que l'homme vertueux n'eft jamais content des efforts qu'il a faits ; mais il n'oublie jamais que le Dieu qu'il implore, plaint la foibleffe & pardonne au repentir.

— Il eſt donc impoſſible de ſavoir ſi nous ſommes innocens ou coupables aux yeux de ce juge intègre?

— La paix du cœur, que Dieu ſeul peut donner me répondit Arsène, eſt une marque certaine qu'on n'a point mérité ſa colere & qu'on veut accomplir ſa loi. Goutez ſans inquiétude des plaiſirs innocens; regardez les douceurs de la vie, comme les fleurs qui parent la terre; un ſouffle les détruit: regardez les maux comme des orages qui paſſent & qui ramènent des jours plus ſereins. L'ame eſt fortifiée par les peines; & les plaiſirs que le ciel nous permet, rendent quelquefois ſon joug plus facile à porter; enfin que votre cœur toujours libre, n'idolâtre rien dans ce monde; traverſez la terre, ſans vous y arrêter.

— Votre morale m'enchante; la plûpart des hommes ſe forment un Dieu, comme ils le veulent; mais c'eſt le vôtre que je veux adorer. Nous cauſâmes encore quelque tems, & je me retirai.

H 6

A peine arrivé chez moi, je reçus un billet d'Arsène ; il s'empreſſoit de me faire-part du retour de notre Philoſophe. „ Vous n'êtes pas heureux, m'écrivoit-il; „ vous ſortiez de chez moi, quand on „ m'annonçoit la viſite de mon ami. Cet „ homme honnête, m'ajoutoit-il, vouloit „ vous prévenir; j'ai crû devoir me re- „ fuſer à ſes inſtances ; & nous ſommes „ convenus que nous nous réunirions de- „ main tous les trois aux Champs Eliſées. „ C'eſt là qu'il aime à ſe promener ſur „ le ſoir, pour ſe délaſſer des travaux du „ matin. Arsène ſe rendit chez moi, lorſque la chaleur du jour fut un peu tom- bée; nous deſcendîmes de voiture à l'en- trée d'une allée, où il y avoit peu de monde; Arsène crut appercevoir ſon ami dans un endroit écarté; c'étoit lui-même; il le joignoit; je jugeai de l'union qui étoit entre eux par les témoignages qu'ils s'en donnoient. Après s'être dit quelques paroles, ils vinrent au-devant de moi; je vis un vieillard dont la phiſionomie étoit douce & fpirituelle. Ses yeux étoient pleins de feu, fa démarche encore légère; fes longs vêtemens, fon regard tranquile, fon air fimple & majeftueux, tout annonçoit en lui un Miniftre des Autels.

— Voilà l'homme que vous defirez, me dit Arsène; nous avons fouvent parlé de vous, & vous l'avez ignoré.

— La droiture de votre cœur, me dit ce refpectable vieillard, eft peinte fur votre phifionomie; vous tenez, Monfieur, la clef des vérités les plus férieufes; je défire de vous être utile; mais vous auriez pû mieu choifir. Au refte la vérité que vous cherchez, eft dans vous-même; tout ce que je puis faire eft de lever le voile qui la cache peutêtre à vos yeux. Nous parlâmes long-tems de chofes affez indifférentes; je m'apperçu qu'il évitoit de m'entretenir des matières de religion, il vouloit fans doute préparer mon efprit, ou effayer mes forces. Cet aimable vieillard me regardoit avec un intérêt qui m'étonna. Je pars ces jours-ci, me dit-il, pour ma terre; puis-je espérer que vous y viendrez faire quelque séjour? Vous trouverez un climat sain & agréable. Eloignée du tumulte des villes, cette charmante solitude a toujours fait les délices de mes pères; j'y suis né; j'y ai vêcu, & j'espère qu'elle recevra mes derniers soupirs.

Je vais vous quitter; mais demain, si vous êtes libre, nous nous trouverons sous ces mêmes arbres, où j'ai eû le plaisir de faire connoissance avec vous. Je voudrois avant mon départ attacher votre esprit sur un objet capable de l'arrêter quelque tems; je vous rappellerai des choses que tout le monde sait; mais tout le monde les oublie.

Nous le conduisîmes jusqu'à son carosse, & nous nous séparâmes; j'engageai Arsène à venir passer la soirée avec moi; nous ne parlâmes que du vieillard; j'appris qu'il s'appelloit Mefophée, fa famille étoit diftinguée par l'antiquité de fa race, & fon nom, illuftre par les vertus de ceux qui l'ont porté. Ainé des plufieurs frères, il s'étoit confacré à la Religion. Il avoit hérité d'un revenu confidérable; mais en mariant fes frères, il ne s'étoit réfervé que la terre qui avoit fait dans tous les tems l'habitation de fes ancêtres. La nature y étoit fi belle, que fans dépenfe extraordinaire, ils en avoient fait un féjour enchanté; il y vit avec fes neveux qu'il regarde comme fes meillieurs amis. Des fiècles de bienfaifance ont fait de cette terre le féjour du bonheur; les vieillards de cette heureufe contrée tranfmettent à leurs enfans le récit des bienfaits de leurs maîtres; c'eft chez eux la tradition du cœur.

L'ORIGINE DES RELIGIONS.

JE me rendis aux Champs Elifées, où je trouvai Arsène & le vieillard : je vais fa·tisfaire à ma parole, me dit en m'abordant le vénérable Méfophée ; je vous préfenterai, comme dans une perfpective éloignée, des faits & des inductions qu'il vous fera facile enfuite de rapprocher & de réunir. Il nous conduifit dans un endröit folitaire ; nous nous affimes, & il parla ainfi !

Mon deffein aujourd'hui eft de ne rien affirmer ; il faudroit des preuves, & ce n'eft point ici le moment de vous les donner. Soit que les premiers hommes aient été d'abord enfeignés par l'auteur de leur exiftence ; cequi eft le plus vraifemblable ; (abftraction faite de toute révélation ;) foit naturellement éclairés ou s'étant inftruits tout-a-coup par eux-mêmes, (ce qui eft peu croyable,) ils ayent inventé une religion fimple & pure ; dans ces différentes hypothèfes, je vais vous montrer en peu de mots ce que la nature nous indique, ce que la raifon nous enfeigne. Vous tirerez vous même les confequences qui s'offriront le plus naturellement à votre efprit.

S'il n'étoit pas de la derniére abfurdité d'imaginer que le premier Homme ait pû, par fes propre forces, s'élancer hors du neant ; je dirois que le premier homme eft Dieu ; mais s'il n'a pû fe donner l'exiftence ; il a dû reconnoître fon créateur au moment de fa création. Lorfqu'il vit les cieux & la nature, pût-il penfer qu'il en étoit l'auteur ?

D'aprés ce raifonnement pris dans la nature des chofes, l'on croit que les pères du genre humain ont connu & révéré une premiere loi ; un premier Légiflateur. L'on convient même affez généralement qu'ils adorerent ce Dieu qui dit en parlant de lui-même : *je fuis celui qui eft*. Mais je vous ai promis de ne point vous entretenir de ce qu'il faut croire & de ce qu'on prouve avoir été. Voici des faits racontés par des hiftoriens accrédités, des Poètes fameux, & même avoués par des Philofophes célébres qui ne cherchent, difent-ils, la vérité de l'hiftoire, que dans les lumières de leur raifon. Ces derniers prétendent que la croyance d'un feul maître du monde a précédé les inventions de la plus haute mythologie, parce que les fables fuppofent toujours les vérités qu'elles défigurent. L'antiquité nous force d'ailleurs d'en juger ainfi. Les Philofophes qui ont raifonné le plus fenfément fur la nature de notre efprit, ont écrit que, fans le fecours de la révélation, il étoit facile de concevoir que l'unité d'un Dieu qui remplit les ames & l'Univers, dût s'offrir à la penfée des premiers hommes. Après nous avoir montré que la première Religion, grande & pure dans fes motifs & dans fon objet, devoit donner une haute idée de Dieu & de la vertu, ils ajoutent que le genre humain dût, en fe multi-

pliant, fe corrompre plus ou moins, à pro-
portion que les hommes s'éloignoient de
leur fource commune.

Il arriva enfin ce jour, où l'unité de
croyance & d'intérêt fe rompit à jamais.
Une feule contrée ne pouvoit plus conte-
nir fes habitans. Comment les vices &
les menfonges ne fe feroient-ils pas multi-
pliés avec le genre humain !

Ici toutes les hiftoires, d'accord avec
la raifon, nous font voir les hommes &
les arts répendant les biens & les maux,
à mefure que les générations vont peupler
de nouvelles contrées : bien-tôt la diverfité
des mœurs, des idiômes, des climats &
des befoins, l'abus des fciences eftimables
en elles-mêmes, les illufions de l'efprit,
les chimères du cœur, tout contribue à
faire éclorre cent religions différemment
abfurdes, mélange monftrueux d'impofture
& de vérité; car ces Religions font plus
ou moins méprifables & infenfées, felon
que Dieu & fa Loi y font plus ou moins
défigurés. Mais il étoit auffi impoffible

aux hommes de ce tems là d'abdiquer
toute efpèce de culte, que de ne pas corrompre & avilir de plus en plus la tradition
de leurs pères. La violence & la baffeffe
de leurs penchans les éloignent fans ceffe
de Dieu & de la vérité; en même·tems
leurs maux , leur foibleffe, un refte de
vertu & de raifon, qu'ils ne peuvent anéan-
tir , les obligent de retourner fur leurs
pas. Accablés par la force & l'injuftice de
leurs femblables, ils cherchent la force &
la juftice dans des êtres meilleurs & plus
puiffans. La notion ineffaçable du Dieu
qu'ils méconnoiffent, les aide. à fe former
des fimulacres grands & vils tout enfemble.
Une preuve qu'ils apperçoivent encore les
perfections inféparables d'un Dieu unique
& infini, c'eft qu'ils donnent à leurs Divinités tantôt fa juftice , tantôt fa bonté,
d'autres fois fa fageffe profonde ou feulement une puiffance immuable & fans bor-
nes , dans laquelle ils ne voyent que
l'infléxible néceffité. Tel eft dans leur
mythologie le deftin maître des Dieux.

Enfin les hommes toujours conduits par l'efpoir & la crainte, par la reconnoiffance ou la cupidité, dreffent des Autels aux bons Rois, aux Conquérans, aux inventeurs des fciences & des arts utiles. Tout ce qui leur paroît bon, mérite un culte; tout ce qui eft grand ou terrible leur paroît Dieu; on adore ce qui infpire l'amour ou l'effroi : les Philofophes de leur côté juftifient cette démence par la fable des deux principes. Bientôt l'ignorance & la foibleffe immolent des victimes humaines fur les Autels de ces horribles Dieux que leurs Prêtres craignoient d'y rencontrer (*).

Qui pourroit raconter & décrire les fables & les fuperftitions qui fe font toujours fuccedées ? Vous favez que les Grecs, plus habiles dans l'art de fe tromper eux-mêmes, joignirent aux écarts de

---

(*)   *Pavet ipfe facerdos*
Acceffus, dominumque timet deprendere luci.
        Lucain. Liv. III.

l'efprit & des paffions l'éclat féducteur d'une Poëfie enchantereffe. Leur imagination déifie des chimères brillantes qui affligent la raifon ; ils ajoutent à leurs Dieux, les Dieux des autres Nations; & comme fi les hommes n'en euffent pas affez fabriqués, tout l'attirail des ces innombrables Divinités, repréfente foiblement à leur vafte génie le démembrement de l'unité ; ils foupçonnent qu'il eft un Dieu indivifible & qu'on ne peut définir; & au millieu des fimulacres, dont leurs Temples font remplis, ils élèvent un Autel *au Dieu inconnu.*

Il eft croyable que la plûpart des peuples fe font prefque toujours trompés dans le culte qu'ils ont rendu; mais la poftérité pourra-t-elle concevoir qu'il fut des hommes capables de s'exhorter les uns les autres à ne rendre aucun hommage à la Divinité? La pluralité des Dieux pût être la fuite naturelle de l'ignorance & de l'aveuglement des hommes du fecond âge; mais il falloit fans doute que l'efprit humain paffât par tous les excès, pour faire éclorre enfin une fecte des Philofophes, qui enfeigne aujourd'hui l'athéifme à des hommes raifonnables.

Le vieillard ceffa de parler; nous nous promenâmes quelque tems encore; & fur fes inflances, nous lui promîmes de faire un long féjour dans fes terres, il nous annonça qu'il partoit le lendemain pour s'y rendre; & nous le quittâmes avec l'efpérance de le rejoindre bientôt.

LES JARDINS.

ENfin je vis arriver le jour que nous avions fixé pour nous rendre à la terre du vieillard; élle étoit éloignée de Paris d'environ quarante lieues; nous partîmes avant le lever du foleil. Je regardois ce lieu tranquile comme le terme de mes doutes, & le commencement de ma félicité; nous étions dans ces nuits d'Eté qui annoncent la plus belle aurore; nous vîmes infenfiblement reparoître les agrémens de la nature. Ce grand fpectacle me retraçoit ces premiers jours du monde, ce premier culte dont Mefophée m'avoit parlé.

Des torrens de lumière, me dit Arsène, vont bientôt inonder les airs, & nos yeux ne pourront en foutenir l'éclat: comme tout fe réveille à la naiffance du jour! la terre ouvre actuellement fon fein à la rofée, & bientôt une chaleur féconde va faire éclorre les fruits. Peut-on douter

que

que toutes ces merveilles ne foient for-
mées pour la feul créature capable de
bénir & d'admirer les bienfaits de fon
créateur?

Notre journée fut employée à parcourir
une foule d'objets amufans, mais toujours
inftructifs. La nuit s'approchoit; nous re-
marquâmes un gros bourg qui étoit à
quelque diftance de nous; nous y trouvâmes un homme à cheval qu'on avoit en-
voyé pour nous fervir de guide dans des
chemins difficiles. Arsène avoit eû l'attention de prévenir le Vieillard du jour de
notre arrivée ; nous étions fort près de
fon château; bientôt à la lueur des flambeaux, nous l'aperçûmes qui venoit au-devant de nous; je defcendis de voiture pour
l'embraffer, il étoit accompagné de fes
deux neveux & de cinq ou fix perfonnes
qu'il avoit raffemblées: l'accueil que nous
en reçûmes, leurs phifionomies ouvertes
& pleines d'efprit, tout me promettoit les
agrêmens qu'on peut attendre dans un beau

féjour, & dans une fociété choifie; il étoit
affez tard; nous fûmes conduits prefqu'auffitôt dans une falle à manger d'Eté. Au
bruit des eaux que j'entendois, je jugeai
qu'elle étoit environnée de jardins; j'étois
fatigué de la route; nous reftâmes peu de
tems à table, & mes nouveaux hôtes me
conduifirent dans l'appartement qui m'é-
toit deftiné. Je m'endormis dans les plus
confolantes idées & dans l'efpérance de
trouver le calme que je cherchois; je me
levai dès que le jour parût. En attendant
que je puiffe voir le maître de la maifon,
l'habitude de me livrer à mes rêveries,
jointe au defir de jetter les yeux fur les
beautés de cet afile qu'on m'avoit vanté,
me firent fortir de mon appartement. Je
me promenai fous une colonnade qui en-
touroit la maifon. Des portiques ouverts
laiffoient entrevoir d'un côté la perfpective
la plus riante & la plus étendue, & de
l'autre, l'Ocean. Je marchois dans les jardins affez rapidement; je m'arrêtai tout à
coup; je crus entendre au loin un bruit

fingulier; je tournai mes pas vers le lieu
d'où me fembloit venir ce bruit extraordinaire; je fuivis longtems des allées couver-
tes qui me conduifirent à l'éntrée d'une
forêt; je m'enfonce dans fes ombres; plus
je marche, plus le bruit augmente; il devint effrayant : je me trouve enfin dans le
lieu de la nature le plus beau & le plus
impofant. Des blocs immenfes de roches
informes, entaffées les unes fur les autres,
s'élevoient à la hauteur des montagnes, &
par des ouvertures différentes, de toutes
parts vomiffoient des torrens. Du plus haut
de ces roches fauvages un fleuve fe préci-
pite; je crus voir la fource des mers; les
ondes pleines d'écumes tomboient d'abyme
en abyme, & fembloient être repouffées
du fond de ces gouffres. Ces maffes d'eau
fe précipitoient fur des pierres énormes,
& formoient en bondiffant des voûtes, qui
fe brifant avec fureur, portoient au loin un
bruit épouventable.... Dieu puiffant, que
l'homme eft foible ! Que nous fommes
aifément dominés par les objets qui re-

muent l'imagination & les fens ! Je ne
voyois hier dans la Nature entière, que la
douce & puiffante Majefté de l'Etre Créateur; je ne vois aujourd'hui que du mouvement & des formes; je me retraçois
l'audace de la fauffe philofophie, fes fyftêmes hardis, leurs inventeurs, la gloire dont
ils jouiffent. L'amour des plaifirs, le goût
de l'indépendance, l'orgueil de la vie, tout
ce qui avoit eû fur moi quelque empire,
affiégeoit à la fois mon efprit & mon cœur.
Ma mélancolie naturelle cherchoit a me
dominer ; mais j'éprouvois un fentiment
intérieur qui repouffoit ces preftiges affli-
geans. A la fin je m'apperçus que les objets dont j'étois environné, augmentoient
le trouble de mon imagination, je m'éloi-
gnai de ce lieu pour moi fi terrible, mais
fi agréable, que je me retournois fans ceffe,
pour le regarder encore. Je fuivis long-
tems les bords d'un canal, qui me conduifit au pied d'une montagne. Sa hauteur
dominoit fur la forêt, & l'on pouvoit fuivre des yeux la chûte des torrens & leur

paſſage rapide. Je m'aſſis; j'ètois abſorbé dans mes idées; des voix confuſes parvinrent juſqu'à moi. Je deſcendis dans la plaine; je m'entendis appeller par des cris redoublés. Je courus au bruit, j'apperçus Méſophée qui me cherchoit avec toute ſa compagnie, & je la rejoignis; je ne pouvois ceſſer d'exprimer mon admiration ſur les merveilles que je venois de voir. Vous devez être fatigué, me dit le Vieillard; je vais vous conduire dans un lieu tranquille & frais; il entre auſſitôt dans un ſentier pratiqué au milieu des vignes; nous deſcendîmes un coteau & nous nous trouvâmes à la ſource d'une fontaine. La chaleur du jour commençoit à ſe faire ſentir; une grotte ſpacieuſe taillée dans le roc, nous offrit un aſile; nous nous aſſimes ſur des quartiers de roches dont un ciſeau groſſier avoit fait des ſiéges.

Nous voici, me dit Meſophée, dans une ſolitude bien propre aux réflexions ſérieuſes. Vous êtes-vous-occupé de notre dernier entretien? Que penſez-vous enfin ſur cette première Religion des hommes?

— Je ne m'accoutumerai jamais, lui répondis-je, à regarder l'homme comme jetté dans le monde, pour y végéter & mourir! je ne puis ſans horreur enviſager la juſtice & la douce amitié, comme des phantômes qui trompent nos cœurs un moment & s'évanouiſſent. Je ne ſais ſi je croirai jamais à vos myſtères; mais je ne puis renoncer à la croyance d'un Dieu. Au reſte je ne ſaurois trop héſiter ſur le choix d'une Religion; n'étant point né de parens idolâtres, j'ai peu d'envie d'adorer des hommes ou des ſtatues; je ne penſe pas qu'il me prenne fantaiſie de me faire Juif, & je ſuis bien ſûr de n'être jamais Mahométan.

Le Vieillard charmé de ma franchiſe, me dit aſſez gaiement: je ſerois curieux de ſavoir ce que vous penſiez dans l'effer-veſcence de votre incrédulité? Car vous

étiez fans doute plutôt féduit que perfua-
dé; avez-vous crû fincérement que tout
alloit au hafard? Avez-vous regardé le hafard comme le Créateur du monde, ou
penfiez-vous que le monde avoit toujours
été? Si vous imaginiez dans de certains
momens, qu'il éxifte peut-être un Dieu,
ce qui arrive fouvent aux plus incrédules;
pouviez-vous fuppofer que celui qui avoit
créé l'efprit & la matière, regardoit avec
complaifance la marche du monde phi-
fique, & qu'il fe foucioit fort peu de la
marche du monde moral?

— A vous dire le vrai ; répondis-je
naïvement, plus capable de difputer & de
nier, que de croire & de réfléchir, je
lifois mal; je penfois peu, ne voulant pas
me donner la peine d'approfondir des opinions, que je trouvois fouvent contradic-
toires; & j'étois prefqu'également furpris
qu'il y eût un Dieu, ou qu'il n'y en eût
pas. Je croyois fuivant les circonftances
& felon les perfonnes avec lefquelles je vi-

vois. Mais fitôt que je perdois de vüe
mes Livres & mes Sociétés , je voyois
quelquefois reparoître une premiere loi &
un premier homme. Quand je venois à
confidérer enfuite le cercle des événemens
de la vie, les inutiles révolutions qui amè-
nent toujours à peu près les mêmes chofes;
on me perfuadoit aifément que le monde
avoit toujours été, comme nous le voyons;
cela étoit affez fimple; je le croyois volontiers.

Il eft vrai que d'autres obfervateurs me
faifoient entrevoir dans la nature un venin
fecret qui, felon eux, devoit enfin la détruire; ils m'affûroient que le monde périra
comme nos corps, parce qu'il eft impoffible qu'un arrangement de matière puiffe
refter toujours précifément le même. Cela
me paroiffoit encore affez probable.

Cependant on s'efforçoit de me prouver
que le monde étoit l'ouvrage du hafard ou
de la néceffité; j'aimois autant l'un que

l'autre, parce que je ne concevois ni l'un ni l'autre. Si la fageffe & la bienfaifance, me difoit-on , avoient autrefois préfidé à la formation de ce globe ; elles n'auroient point fouffert qu'il devint un féjour d'horreur ; or il eft bien plus fimple de nier un créateur , que de fuppofer un Créateur barbare ou impuiffant. Quelquefois ce difcours me perfuadoit.

Mais j'avoue que j'étois toujours entrainé, quand les Théiftes répliquoient à leur tour qu'en voyant l'induftrie & le deffein des hommes dans leurs inventions, on ne pouvoit s'empêcher de regarder l'Univers comme l'effet d'une fageffe qui eft à la nôtre ce que nos ouvrages font aux fiens.

D'autres Philofophes prétendoient qu'on pouvoit croire à un Dieu , fans croire à une autre vie ; que malgré cela , tout alloit à merveille. Selon eux , nous avions tort de nous plaindre. Nés pour fouffrir & mourir, nous devions être flattés de contri-

I 5

buer à la perfection de l'enfemble ; car ils penfoient que Dieu ne s'occupoit que du phyfique de la nature.

Mais je me fouviens qu'un jour on leur répondit : Dieu n'a donc créé nos ames que pour nos corps ; & fans doute il n'a créé les corps, que pour fe donner à lui-même un fpectacle purement méchanique, qui l'amufe ou le défennuie ? Je trouvois cette réponfe affez plaifante ; elle me revenoit fouvent à la penfée.

Pour abréger, je ne croyois aucune vérité pofitive, & je finiffois par me dire : je fuis fûr de ce qui n'eft pas ; je m'embaraffe peu de ce qui eft, & moins encore de ce qui peut être.

— Méfophée ne pût s'empêcher de fourire. Il me vient, reprit-il, une fingulière idée ; il me femble, fi je vous ai bien compris, que vous inclinâtes toujours pour l'exiftence d'un Dieu ; &, felon vos aveux, l'idée d'une création, c'eſt-à-dire , d'un commencement quelconque , vous étoit encore aſſez familière. Vous aviez auſſi quelque peine à penſer que les choſes reſteroient toujours dans le même état.

— Cela eſt vrai, répondis-je.

— Vous étiez ſurpris , continua-t-il , que Dieu eût permis & ſouffert le mal. Cependant vous ne pouviez vous réſoudre à conclurre qu'il n'y avoit point de Dieu. Avouez que votre imagination vous repréſentoit quelquefois une première harmonie & tout de ſuite un déſordre effroyable, dont la cauſe vous échappoit. Je ne ſais ſi j'entre dans vos idées.

— Eh bien, lui dis-je, un peu ſurpris, qu'en concluez-vous ?

— J'en conclus , répliqua tranquillement le Vieillard, que vous auriez pû vous coucher avec le projet d'être athée , & vous relever peut-être aſſez bon chrétien;

I 6

dans le fond cette espèce de prodige étoit humainement possible ; car enfin je vois qu'au fort de votre incrédulité, vous avez cru en différens jours, les unes après les autres, la plûpart des vérités, dont l'enfemble & la réunion forme notre croyance. Je suis même persuadé que la plûpart des propositions opposées à celles que nous regardons comme des articles de foi, vous ont souvent paru comme à nous, révoltantes & peut-être absurdes. Il est vrai que vous ne conceviez rien au mal physique & moral, sous un Dieu bon & tout puissant; mais nous ne le concevons pas non plus: l'essence de Dieu & son action sur l'homme & sur la nature, vous paroissoient incompréhensibles ; elles nous le semblent de même : c'étoient vos mystères ; ce sont les nôtres.

— Notre raison, lui dis-je, sera donc toujours affligée par des mystères ?

— Mon dessein, reprit le Vieillard, n'est pas d'approfondir aujourd'hui des queſtions difficiles ; mais dans le ſéjour que vous ferez ici, nous vous ferons convenir que la religion inſtituée pour l'homme, dût être naturelle & ſurnaturelle tout enſemble ; vous avouerez peut-être que ſes myſtères ſi incompréhenſibles, ſont tellement liés entre eux, tellement inſéparables de Dieu, de l'homme & des rapports de Dieu avec l'homme, que le chriſtianiſme qui les renferme, doit être fondé ſur des vérités qui tiennent à la nature de l'homme & à celle de la divinité ; c'eſt-à-dire ſur des vérités concevables & des vérités qui ne peuvent être conçues (*). Telle eſt

---

(*) Certains Lecteurs me demanderont ſans doute qu'eſt ce que c'eſt qu'une vérité qui ne peut être conçue ? je leur réponds que je ne connois point de vérité plus évidente que mon exiſtence , & cependant j'ignorerai toujours comment j'exiſte ; car l'union de mon eſprit à mon corps ſera toujours un myſtère pour moi, & dans l'abſurde ſyſtême du matérialiſte, cette vérité n'en ſera pas moins un myſtère pour lui ; car il eſt auſſi impoſſible au matérialiſte

en effet cette augufte Religion qui unit la terre au ciel & l'homme à Dieu. Le Vieillard fatisfait de l'impreffion qu'il crut avoir faite fur mon efprit, ceffa de parler; il voulut fans doute laiffer repofer mes idées fur les vérités importantes dont il venoit de m'entretenir; il nous propofa de retourner au Château.

---

d'imaginer comment la matière peut penfer, qu'il nous eft impoffible de concevoir l'union de l'efprit avec la matière.

LA LECTURE.

LA fraîcheur du matin m'invitoit à la promenade. Le Vieillard & toute fa compagnie voulurent m'accompagner. Je fus conduit dans la partie des jardins, oppofée à celle que je connoiffois. J'apperçus une Ifle fort étendue. Je n'avois rien vû de fi fertile ni de fi riant que les vaftes plaines, qui fe développoient à mes yeux. Les terres étoient baignées par les eaux qui defcendoient des montagnes voifines, où la nature m'avoit offert la veille un fi beau fpectacle.

Aux deux extrémités de cette Ifle s'élevoient plufieurs bâtimens féparés les uns des autres, par des enclos & des vergers. J'étois étonné du grand nombre de ces maifons; elles me paroiffoient former des villages confidérables.

Ce que vous prenez pour des villages,
me dit un des neveux de Méſophée, ce
ſont les fermes de mon oncle. L'étendue
des terres cultivées exige cette quantité
de batimens. Les deux bourgades que
vous voyez, contiennent chacune ſept
groſſes fermes & leurs différens cultiva-
teurs. Leurs familles ſont très-nombreuſes,
& mon oncle regarde leurs enfans comme
s'ils étoient les ſiens. Son plaiſir eſt d'aller
voir ſouvent ces hommes ſimples & labo-
rieux ; & le bonheur de ces bonnes gens,
à la vue de leur maître , eſt toujours marqué
par leur joie naïve & ſenſible ; mais celui,
qui fait la félicité de pluſieurs hommes,
eſt bien plus heureux que ceux qui jouiſ-
ſent de ſes bienfaits.

Tandis que j'étois occupé de ces détails
champêtres, le Vieillard m'invita à continuer notre promenade. Je découvris à
quelque diſtance de là, un bâtiment dont
la forme me parut ſingulière.

Ce bâtiment que vous voyez, me dit Méfophée, eſt une bibliothèque. Ce chemin nous y conduit. Vous y verrez le dépôt précieux de livres de mes pères. Cette collection eſt remarquable par le choix des ouvrages. Elle contient à peu près vingt-cinq mille volumes. Si vous y ajoutiez les livres qui n'ont de prix que par leur grande rareté, ceux qui ſont pernicieux, frivoles ou inutiles ; je penſe que vous formeriez la collection univerſelle des ouvrages de l'eſprit humain.

Nous arrivâmes à la bibliothèque. Je parcourus des yeux quelques rayons de livres. Je remarquai un volume bordé d'une large bande de papier noir ; il excita ma curioſité ; je l'ouvris & je lûs ce titre qui me parût intéreſſant : Esprit de nos Philosophes.

J'étois enchanté de ma découverte. Le Vieillard ſourioit & paroiſſoit content que le haſard m'eût ſi bien ſervi. Toute

la compagnie parut défirer d'entendre cet
ouvrage dont Méſophée me fit préſent.
Nous nous aſſimes autour d'un grand bureau, & j'en commençai la lecture (*).

(*) J'ai fait depuis un extrait de ce Livre,
& je le donne aujourd'hui au Public.

ESPRIT

DE NOS PHILOSOPHES,

Avec des Commentaires.

CHAPITRE PREMIER.

HYMNE A LA PHILOSOPHIE.

,, **J**Eune homme, prends & lis [a];
,, confidère le monde comme ton école,
,, & le genre humain comme ton pu-
,, pille (b).

,, La poftérité t'admirerai, fi tes talens
,, utiles pour elle, lui font connoître le
,, nom fous lequel on défignoit autrefois
,, ton être anéanti.

(a) Interp. de la Nature.
(b) Diction. Encycl. de la Nature de Dieu.

„ La Philofophie s'avance à pas de
„ géant, & la lumière l'accompagne &
„ la fuit [d].

„ Le ton de la Philofophie eft le ton
„ dominant; on commence à fecouer le
„ joug de l'autorité & de l'exemple [e].

„ Heureux le Philofophe à qui la na-
„ ture à donné une imagination forte. Sa
„ ftatue reftera à jamais debout au milieu
„ de fes ruines, & la pierre qui fe déta-
„ chera de la montagne ne la brifera pas,
„ parce que fes pieds ne font pas d'ar-
„ gille [f].

„ Le faint refpect & l'admiration pro-
„ fonde dont on fe fent pénétré pour foi-
„ même ne peut être que l'effet de la né-
„ ceffité où nous fommes de nous eftimer
„ préférablement aux autres (g).

———————————

(d) Diction. Enclyclop. Art. Bramine.
(e) Idem Art. Encyclop.
(f) Interpret. de la Nature.
(g) Liv. de l'Efprit, p. 68.

„ Toujours occupé de grands objets,
„ fi je me recueille dans le filence & la
„ folitude, ce n'eft point pour y étudier
„ les petites révolutions des gouverne-
„ mens; mais celle de l'Univers. Ce n'eft
„ point pour y pénétrer les petits fecrets
„ des cours, mais ceux de la nature.

„ Contemplons la terre; elle fe réduit
„ infenfiblement devant un Philofophe à
„ un petit efpace; elle prend à fes yeux la
„ forme d'une bourgade habitée par dif-
„ férentes familles qui prirent le nom de
„ Chinoife, d'Angloife, de Françoife....
„ Je rougis de la petiteffe du globe. Or
„ fi j'ai tant de honte de la ruche, jugez
„ de l'infecte qui l'habite: le plus grand
„ des légiflateurs n'eft à mes yeux que le
„ Roi des abeilles (h).

„ Le génie tend à s'élever, & cherche
„ la région des nues [i].

____

(h) Liv. de l'Efp. p. 88, 110.
(i) Diction. Encyclop. p. 598.

„ Ah ! Philofophes fpéculatifs , com-
„ ment refpirer & vous fuivre [*k*] ?

Quel beau défordre ! quel fublime délire ! le lecteur conviendra qu'il vient de
lire une belle ode ; mais s'il fe trouve des
hommes d'une humeur trop chagrine, &
qui foient fatigués de cette poëfie ; je me
hâte de leur apprendre que, dans la chaleur de la compofition, un des chefs du
Philofophifme faifoit remarquer un jour
à un de fes admirateurs les plus affidus ,
des expreffions qu'il croyoit fortes & fublimes, quoiqu'elles ne fuffent qu'obfcures
& emphatiques. *Je leur fais*, difoit-il, *du
fauvage.*

Je ne pus m'empêcher d'interrompre
ma lecture & de m'écrier ! ô François,
ç'eft pour vous que l'on écrit.

———————————————————————

[*k*] Interp. de la Nat. p. 107.

CHAPITRE II.

LES ROIS.

Diatribe Philofophique.

„ LEs Princes peu contens de la pri-
„ mauté, ont voulu donner des loix, &
„ on le leur a fottement permis (*a*).

„ Sitôt qu'on peut défobéir impuné-
„ ment, on le peut légitimement (*b*).

„ L'inégalité des conditions étant un
„ droit barbare..... Aucune fujettion na-
„ turelle dans laquelle les hommes font
„ nés à l'égard de leur père ou de leur
„ Prince, n'a jamais été regardée comme
„ un lien qui les oblige fans leur propre
„ confentement à fe foumettre à eux (*c*).

(*a*) L'Afiatiq. tolerant, pp. 99, 105.
(*b*) Contract. foc.
(*c*) Encyclop. Difc. prélim. *Idem*, au mot
Gouvernement.

,, C'eſt dans l'attellier de la triſteſſe
,, que l'homme malheureux a façonné le
,, phantôme dont il fait ſon Dieu..... La
,, même cauſe a formé ſes tyrans & ſon
,, eſclavage..... Le véritable ami des hom-
,, mes (le Philoſophe) vient à ſon ſecours
,, & l'encourage à briſer l'un & l'autre
,, joug (*d*).

,, Un Monarque qui ceſſe d'être le
,, berger de ſon peuple, en devient l'en-
,, nemi. L'obéiſſance à un tel Prince eſt
,, un crime de haute trahiſon au premier
,, chef contre l'humanité (*e*).

,, Les peuples abrutis par la ſuperſti-
,, tion ſouffrent que des enfans étourdis
,, par la flatterie, le gouvernent avec un
,, ſceptre de fer (*f*).

,, L'homme n'eſt preſque en tout cli-
,, mat qu'un captif dégradé, dépourvuc

(*d*) Siſt. de la Nat.
(*e*) Liv. de l'Eſp.
(*f*) Idem.

,, de

» de grandeur d'âme, de raison, de vertu,
» à qui des géoliers inhumains (les Rois,
» les Prêtres) ne permettent jamais de
» voir le jour (g).

Ces emportemens & ces violentes sorties contre les puissances de la terre, tiennent à la cause des Rois; j'aurai la prudence de ne pas m'en mêler. C'est la querelle des Souverains, & non la mienne.

(g) Idem.

K

CHAPITRE III.

EXISTENCE DE DIEU.

CEtte grande queſtion offuſque un peu les lumières de nos ſages; ils ont quelque peine à ſe décider. La plûpart daignent paroître irréſolus; leur doute eſt le ſeul hommage qu'ils rendent à la divinité.

Il en eſt cependant qui veulent bien trancher la difficulté, & admettre un Dieu créateur du monde; mais pluſieurs d'en-tr'eux eſſayent de nous perſuader qu'il ne ſonge pas au paſſé, qu'il ne penſe gue-res au préſent, & encore moins à l'avenir; il en eſt d'autres moins inconſéquens qui nient formellement ſon exiſtence.

Ecoutons leurs oracles.

„ La divinité n'eſt autre choſe qu'une „ vaſte machine, & ſous le nom de la-„ quelle [nous Philoſophes] nous déſignons

„ l'affemblage des matières agiffantes, en
„ raifon de leur propre énergie (*a*).

„ L'exiftence de Dieu eft le plus
„ grand & le plus envenimé de tous nos
„ préjugés (*b*).

„ L'athéifme eft le feul fyftême qui
„ puiffe conduire l'homme à la liberté,
„ au bonheur (*c*).

„ Si ce Dieu eft jaloux de fes préro-
„ gatives, de fes titres, de fon rang, de
„ fa gloire; comment permettra-t-il qu'un
„ mortel comme moi ofe attaquer fes
„ droits, fes titres, fon éxiftence même (*d*).

Ces nouveaux Salmonées (*) doivent
entendre avec douleur le Philofophe qu'ils
révérent le plus, proclamer fon horreur
pour l'athéifme; c'eft ainfi qu'il s'explique.

____

(*a*) Syft. de la Nat.
(*b*) Liberté de penfer, p. 265.
(*c*) Syft. de la Nat.
(*d*) Idem.
(*) Salmonée, Roi d'Elite, fe faifoit
rendre les honneurs divins, & un jour voulant
contrefaire la foudre, il en fut écrafé.

K 2

,, L'athée fourbe, ingrat, calomnia-
,, teur, brigand, fanguinaire, raifonne &
,, agit conféquemment , s'il eft sûr de
,, l'impunité de la part des hommes; car,
,, s'il n'y a point de Dieu, ce monftre eft
,, fon Dieu à lui-même; il s'immole tout
,, ce qu'il defire ou tout ce qui lui fait
,, obftacle. Les meilleurs raifonnemens ne
,, peuvent pas plus fur lui que fur un loup
,, affamé de carnage.

,, Le Sénat de Rome [felon cet Au-
,, teur célèbre] étoit prefque tout com-
,, pofé d'athées, de théorie & de pratique.
,, C'eft-à-dire qu'ils ne croyoient ni à la
,, providence, ni à la vie future. Ce Sé-
,, nat étoit une affemblée de Philofophes,
,, de voluptueux , d'ambitieux ; tous
,, très-dangereux & qui perdirent la Ré-
,, publique [*].

(*) A cette époque les Romains touchoient
à leurs ruine, ils oublierent que dans les beaux
jours de la République on avoit vu s'élever une

„ Factieux dans les tems de Sylla & de
„ Céfar, ils furent fous Augufte & Tibere
„ des efclaves athées. Je ne voudrois pas
„ avoir affaire à un Prince athée qui trou-
„ veroit fon intérêt à me faire piler dans
„ un mortier; je fuis bien fûr que je fe-
„ rois pilé. Je ne voudrois pas, fi j'étois
„ Souverain, avoir affaire à des courtifans
„ athées dont l'intérêt feroit de m'empoi-
„ fonner; il me faudroit prendre aux ha-
„ fard du contre-poifon tous les jours.

„ Il eft donc abfolument néceffaire pour
„ les Princes & pour les peuples que l'idée
„ d'un Etre Suprême, créateur, gouver-
„ neur, rémunérateur & vengeur foit pro-
„ fondement gravée dans les efprits."

---

fecte de Philofophes femblables qui furent
battus de verge & chaffés de Rome. Ces Philofophes fous prétexte d'éclairer les hommes &
de dicter les Loix de la Sageffe, énervèrent &
corrompirent la jeuneffe Romaine en leur prê-
chant l'indépendance & l'amour des plaifirs.

K 3

Tel eſt le ſentiment du Dieu de nos Philoſophes ſur l'athéiſme (*).

Je continuois ma leƈture ; Méſophée m'interrompit ; n'achevez pas, je vous en conjure, ce chapitre odieux ; toutes les paroles qu'il renferme ſont de nouveaux blaſphêmes ; épargnez-nous la douleur de les entendre. Ces diſcours inſenſés me confirment dans l'opinion où je ſuis qu'un athée réfléchi eſt un homme encore à naître. L'athéiſme n'eſt qu'un phantôme qui nous apparoît ſeulement dans le dé-lire de l'eſprit, ou dans l'efferveſcence du crime.

(*) Je ne puis m'empêcher de m'écrier en faveur de leur Idole ; quel homme ! s'il eut dédaigné d'être leur Dieu.

CHAPITRE IV.

A M E.

„ NOtre âme eſt bien certainement de
„ la même pâte & de la même fabrique
„ que celle des animaux [a].

„ Si la nature, au lieu des mains & des
„ doigts flexibles, eut terminé nos poi-
„ gnets par un pied de cheval; qui doute
„ que les hommes... ne fuſſent encore
„ errans dans les forêts comme des trou-
„ peaux fugitifs [b]?

„ En effet, il eſt conſtant que l'âme
„ n'eſt pas un être diſtinct du corps, qui
„ par une ſuite de la nature, de l'arrange-
„ ment & de l'énergie qui la compoſent,

(a) L'homme plante, pp. 24. 31.
(b) Livre de l'eſprit.

K 4

„ forme des idées, réfléchit, éprouve du
„ plaiſir & de la douleur [c]."

Cela veut dire en deux mots; l'âme ne
diffère point du corps; car nous aſſurons
que le corps ne diffère pas de l'âme.

„ Tout le règne animal eſt compoſé
„ de différens ſinges, plus ou moins
„ adroits, à la tête deſquels Pope a mis
„ Newton [d].

„ On n'eſt pas éloigné de regarder les
„ hommes & les animaux comme des dé-
„ velopemens de la terre miſe en fermen-
„ tations par la chaleur du Soleil.

„ L'âme & l'eſprit ne font que des
„ mots inventés par l'amour-propre pour
„ élever l'homme au-deſſus de la nature
„ & des animaux [e] (*).

(c) Idem.
(d) La mettrie.
(e) L'homme machine.
(*) Un Auteur de ce ſiécle prétend que la
morale des Loups bien obſervée, pourroit perfectionner celles des Hommes.

C'eft ici que nos fages furpaſſent les chrétiens dans l'humble opinion de foi-même.

„ Je réduis en forme l'argument que „ fait le chien. Si je faute, je fuis flatté ; „ fi je ne faute pas, je fuis battu ; fautons „ donc [f].

Cet auteur animal me paroît affez gai.

Etes vous en peine de favoir comment l'homme a pû inventer les langues ? comment il a pofé les principes généraux, qui ont produit les connoiffances utiles & agréables ? Nos matérialiſtes vous apprendront, que les beaux arts l'ont dreſſé infenfiblement comme on dreſſe des animaux domeſtiques. On eſt devenu auteur, comme un cheval devient cheval de manège, d'arquebufe. Une bète géomètre fut dreſſée à faire des calculs, comme un finge à faire des tours d'adreſſe.

(f) Philof. du bon fens.

K. 5.

Si vous demandez comment furent inftruits les premiers hommes qui cultiverent
les beaux arts, la géométrie & les autres
fciences? On vous dira que leurs befoins
furent leurs premiers maîtres. Mais fi par
hafard vous êtes curieux de favoir pourquoi les animaux qui ont des befoins
comme les hommes, n'ont pas inventé les
arts, la géométrie? Ils vous répondront,
& ils ne peuvent répliquer autre chofe,
que les animaux ne naiffent point comme
les hommes, avec le defir & le befoin de
perfectionner les facultés de leur efprit.
Mais pourquoi n'ont-ils pas ce befoin fublime; caractère facré qui diftingue l'homme
de toutes les autres efpèces ? Dira-t-on
que la nature toujours féconde & toujours
inventive, fe plait à varier ces merveilles?
Elle a donc eû dans fes ouvrages des in-
tentions bien differentes. Eh que devient
alors cette chaîne prétendue qui felon les
matérialiftes rapprochent la pierre du minéral, le minéral de la plante, la plante de
l'animal, & l'animal de l'homme? Rien ne

peut rapprocher les êtres fenfibles de ceux qui ne fentent point, ceux qui ont une confcience, de ceux qui n'en ont pas?

„ Les bêtes font comme des étrangers,
„ qui s'entendent entr'eux, qui nous en-
„ tendent, mais que nous n'entendons
„ pas (g).

Obfervez que nous avons vû jufqu'à préfent l'homme affimilé aux bêtes; ici nous le voyons placé au·deffous des animaux; car ils s'entendent entr'eux; ils nous entendent, & les Philofophes mêmes ne les entendent pas.

D'autres apologiftes des bêtes nous donnent cependant de grandes efpérances. Ils difent: „ Qu'un rien les empêche de
„ parler & que ce foible obftacle fera
„ peut-être un jour levé. Les hommes
„ qui parlent, doivent fonger qu'ils n'ont
„ pas toujours parlé (h).

(g) Traité de l'ame.
(h) Les animaux plufque machines.

K 6

Des raifonnemens fi profonds nous font préfumer que fi nos matérialiftes vouloient fe donner la peine d'ériger une Accadémie d'animaux, & préfider à leur éducation, un jour nous verrions peut-être des ours promener des hommes dans les rues.

CHAPITRE V.

CHRISTIANISME.

„ La Religion n'eſt qu'un amas de
„ notions ridicules & contradiĉtoires, un
„ ſyſtême de conduite, inventé par l'i-
„ magination & par l'ignorance. C'eſt le
„ fruit de l'impoſture, de l'enthouſiaſme
„ & de la crainte (*a*).

„ La loi chrétienne eſt au fond plus
„ nuiſible qu'utile à la forte conſtitution
„ d'un état (*b*).

„ Le plan de J. C. eſt au-deſſous de
„ celui de Mahomet, dont les vües
„ étoient très-ſaines (*c*).

(*a*) Chriſtianiſme dév.
(*b*) Contrat ſocial.
(*c*) Aſ. t.

„ Jupiter vaut mieux que le Dieu des
„ chrétiens (d).

„ Les Sectateurs de la Religion chré-
„ tienne, toujours occupés du ciel &
„ d'une autre vie, ne peuvent être ni
„ bons citoyens, ni bons soldats.

Cela seroit vrai si cette Religion ne
commandoit pas de servir son Prince &
sa patrie. L'Auteur de cette assertion
ignore-t-il que la légion fulminante, toute
compofée de chrétiens, étoit regardée
comme l'élite des troupes de l'Empire
Romain.

„ Ceux qui voudront réprimer les
„ Philofophes, ne font que des hommes
„ pervers, des fanatiques, des méchans
„ ou des foux; leur Religion n'eft que
„ démence, folie, enthoufiafme, fanatif-
„ me, fuperftition, imagination déréglée,

____

(d) Milit. Philo.

„ ignorance, infamie, ſtupidité, impo-
„ ſture (*f*).

Quelle force de raiſonnement ! quels
élans de génie ! Si ces traits de feu ne
prouvent pas la vérité, ce ſont au moins
des témoignages frappans de la modération
Philſophique ! Après cette leƈture péni-
ble, nous aimons à entendre, l'Auteur
de l'eſprit des Loix s'écrier :

„ Choſe admirable ! la religion Chré-
„ tienne qui ne ſemble avoir d'objet que
„ la félicité de l'autre vie, fait encore
„ notre bonheur dans celle-ci (*g*).

(*f*) Syſt. de la Nat.

(*g*) L'eſprit & les graces n'ont pû aux
yeux de M. Monteſquieu lui-même juſtifier
une foule de ſes Lettres Perſannes. „ Il m'eſt
„ auſſi impoſſible, diſoit-il, à ſes amis, de
„ faire diſparoître de mes écrits les erreurs de
„ ma jeûneſſe que de reprendre mes premieres
„ années. ”

Si cette apologie ne fuffit point pour confondre les adverfaires de la Religion, ferons-nous parler les Boffuet, les Fénélon, les Pafcal, & tant d'autres écrivains dont les noms glorieux font confacrés à l'admiration univerfelles ? Ils n'étoient point Philofophes. Empruntons la voix d'un Auteur que reclame les parti de nos prétendus Sages. Ecoutons Mylord Bolinbrok.

„ Aucun fyftême plus fimple & plus
„ clair que celui de la religion naturelle,
„ tel qu'il fe trouve dans l'Evangile.

„ Le Chriftianifme, tel qu'il eft dans
„ l'Evangile, contient non feulement un
„ fyftême complet de religion, mais en-
„ core un fyftême fimple & clair. C'eft
„ dans le vrai le fyftême de la religion
„ naturelle, & il auroit toujours été au
„ grand avantage du genre humain, s'il
„ avoit toujours été répandu avec la
„ même fimplicité avec la quelle Jéfus
„ lui-même l'avoit prêché.

,, Les vües politiques de Conſtantin
,, en établiſſant le chriſtianiſme, étoient
,, de s'attacher plus fortement & à ſes
,, ſucceſſeurs les ſujets de l'Empire ; de
,, lier les différentes nations dont il étoit
,, compoſé, en leur donnant une religion
,, qui leur fut commune ; d'adoucir la
,, férocité des ſoldats, & de réformer la
,, licence qui régnoit dans les Provinces ;
,, & en inſpirant un eſprit de modération
,, & de ſoumiſſion au gouvernement, d'é-
,, teindre les principes d'avarice , d'am-
,, bition, d'injuſtice & de violence, qui
,, donnoient naiſſance à tant de factions
,, & qui troubloient ſi ſouvent & d'une
,, manière ſi funeſte la tranquillité de
,, l'Empire.

,, Le ſyſtême chrétien, de foi & de pra-
,, tique, a été révélé par Dieu même,
,, & il eſt auſſi abſurde qu'impie d'affirmer
,, que la ſageſſe divine l'a révélé d'une
,, manière incomplette & imparfaite ; ſa
,, ſimplicité & ſa clarté prouvent qu'il

,, étoit fait pour être la religion du genre
,, humain, & démontre en même tems la
,, divinité de fon origine [*].

Tels font les fentimens de Mylord
Bolinbrok. Eft-ce fon opinion du foir ou
du matin [b]?

Après avoir lû les contradictions de ces
écrivains, lefquels devons nous croire?
Sont-ce les Philofophes qui calomnient la
religion chrétienne, ou les Philofophes
qui la défendent?

---

[*] Pages 290, 313, 316, 394, 395, 433,
451 vol. 4. Edit. *in* 4°.

(h) Le Lord Chefterfield prétend que les
paffions de M. Bolinbrok, toujours impétueu-
fes, étoient fouvent pouffées jufqu'à l'extravagance; que fon imagination comme fes fens
s'exaltoit & s'épuifoit fouvent avec les idoles
de fes plaifirs nocturnes, & que fes débauches
de table pouvoient être comparées à la phré-
néfie des Bacchanales.

CHAPITRE VI.

LA MORALE.

„ LEs plaifirs des fens peuvent infpi-
„ rer toute efpèce de fentiments & de
„ vertus. Ce font les plaifirs de fens qui
„ font agir & penfer les hommes, &
„ qui peuvent feuls mouvoir le monde
„ moral. Ils font les plus propres à éle-
„ ver l'ame & la plus digne récompenfe
„ des héros & des hommes vertueux (a).

„ La morale tire fon origine de la
„ politique, comme les loix & les bour-
„ reaux (b).

„ La vertu n'eft que l'effet de l'ha-
„ bileté des rufés politiques (c).

(a) L
(b) La métric.
(c) Fable des Abeilles.

„ La néceffité des liaifons de la vie
„ forment celle de l'établiffement des ver-
„ tus & des vices, dont l'origine eft par
„ conféquent d'inftitution politique (*d*).

„ Il n'y a ni vice ni vertu, ni bien
„ ni mal moral, ni jufte ni injufte;
„ tout eft arbitraire & fait de main
„ d'homme [*e*].

„ Les moraliftes déclament d'ordinaire
„ avec force contre les paffions, & ne
„ fe laffent point de vanter la raifon. Je
„ ne craindrai point d'avancer qu'au
„ contraire fe font nos paffions qui font
„ innocentes, & notre raifon qui eft cou-
„ pable [*f*].

„ Il ne faut pas fonder la morale fur
„ la Religion, mais enfeigner une mo-
„ rale naturelle; il fuffit de dire que

(*d*) Liv. de l'Efprit, p. 43.
(*e*) Difc. fur la Vie heureufe.
(*f*) Les mœurs, p. 39.

„ tout excès nuit à la confervation de
„ l'homme, & le rend méprifable aux
„ yeux de la fociété, eft défendu par la
„ raifon qui veut que l'homme fe con-
„ ferve, & interdit par la nature qui
„ veut qu'il travaille à fon bonheur du-
„ rable; il eft facile de prouver à tout
„ homme que fon intérêt dans ce monde
„ eft de ménager fa fanté, de refpecter
„ les mœurs, de s'attirer l'eftime de fes
„ femblables, d'être chafte, temperant,
„ vertueux.

Enfin, m'écriai-je, voilà la vertu qui
paroît.

Regardez-la de près, me répliqua le
Vieillard, & vous reconnoitrez le vice.
Ces Sophiftés ne ceffent de parler de la
vertu, dans leur écrits; d'une main ils
montrent fon image, de l'autre ils la dé-
chirent. Mais pourfuivons.

Vous venez d'entendre cet inftituteur de morale : ecoutez maintenant la réponfe d'un fectateur de la vérité.

„ Tout excès, dites-vous, nuit à la
„ confervation de l'homme? d'accord; je
„ puis donc me permettre des crimes de
„ toute efpece & aux dépens de qui il ap-
„ partiendra, pourvû que j'évite tout ex-
„ cès nuifible à ma confervation ; voilà
„ déjà bien du terrein de gagné ; avec
„ un tempéramment fort & une fanté
„ robufte, je n'ai pas beaucoup à crain-
„ dre les excès ; on a vû des débau-
„ chés vivre fort long-tems ; d'ailleurs
„ eft-il bien clair que la raifon m'ordonne
„ de me conferver ? je n'entends point
„ ce langage de la raifon ; que m'im-
„ porte une longue vie, s'il faut me la
„ rendre défagréable par des privations
„ continuelles ! je la veux courte &
„ bonne ; entre deux efpèces de bien il
„ m'eft permis de choifir celui qui me pa-

,, roit préférable..... la voix de. la nature
,, c'eſt mon penchant; plaiſir & liberté
,, voilà toute ma morale..

Vous voyez à quoi ſe réduit la vertu
de nos Philoſophes. Ils emploient leur
ſagacité à rendre douteux ou abſurde ce
qui eſt certain ou raiſonnable; forcés de
ſe contredire eux-mêmes en étouffant le
cri de leur conſcience, nous les voyons
honteux d'avoir anéanti toute vertu, eſ-
ſayer de la rétablir en s'efforçant de la
dégrader; toujours inconſéquents, ſoit
qu'ils l'admettent, ſoit qu'ils la nient, ou
la défigurent; obſervez-les, lorſqu'ils éta-
bliſſent leurs principes, & qu'ils dédui-
ſent leurs conſéquences; vous les trouverez obſcurs dans leur langage, rarement
d'accord les uns avec les autres, jamais
d'accord avec eux-mêmes; ils rendent
tour à tour la vertu douteuſe ou impoſſible; le crime tolérable ou chimérique:
cependant, à les entendre, ils ſont des
modèles de ſageſſe & de probité: Un des

chefs de la Philofophie difoit un jour à
un de fes profélytes: „ O mon ami, fi
„ je favois qu'il éxiftât au fond de la
„ Chine un homme plus vertueux, que
„ je ne le fuis, j'irois le trouver & je
„ lui dirois: mon frère comment faites-
„ vous pour être plus honnête homme
„ que moi.

CHA-

CHAPITRE VII.

AMOUR FILIAL.

„ QUelle foibleffe de pleurer la mort
„ d'un père! fa mort eft comme celle de
„ tout autre individu. C'eft une fuite né-
„ ceffaire de l'arrangement de l'Univers.
„ Un père, en donnant la vie à fon fils,
„ n'a penfé qu'à lui-même & à fes plaifirs.
„ Lui tenir compte de ce prétendu bien-
„ fait, c'eft le remercier de fes foupés
„ voluptueux & des liqueurs excellentes
„ qu'il a bues.

Un père, en donnant la vie à fon fils,
n'a penfé qu'à lui-même & à fes plaifirs?
Pourquoi voyons-nous donc des hommes
qui ne s'affujettiffent au joug du mariage,
que dans l'efpérance de renaître dans leur
pofterité? D'où viennent ces defirs ardens
d'une jeune époufe qui cherche à refferrer

L

encore les nœuds qui l'attachent à l'objet
qu'elle chérit , en lui donnant un autre
lui même ? Pourquoi ces larmes , quand
elle eft trompée dans fon attente? Qu'importe fi les pères s'adorent eux-mêmes
dans leurs enfans? Ils leur font donc bien
chers. Déjà ils careffent l'enfant qui n'eft
pas encore conçu. C'eft pour fon bonheur
qu'ils s'épuifent en travaux douloureux ,
en veilles pénibles. Qu'un débauché, que
le hafard a fait père, n'ait penfé qu'à lui-
même & à fes plaifirs, nous le voulons
bien croire , & c'eft pour cela que fes
plaifirs font des crimes.

D'ailleurs ces fophiftes cruels ne voyent-
ils pas que les fentimens qui uniffent les
pères aux enfans, & les enfans aux pères,
fuppofent des vertus qui fervent de fondement à toutes les autres ? L'amour d'un
père pour fon fils eft fondé fur la pitié
que le puiffant & le fort doit accorder
au foible que la nature fait naître fous
fes loix. L'ordre éternel ne lui dit-il pas?

je vous confie cette créature; rendez la jufte & heureufe. Et la nature ne dit-elle pas à tous fes enfans; faites fur votre premier maître & votre bienfaiteur naturel, l'heureux effai des fentimens de reconnoiffance, de refpect que vous devez un jour à quiconque aura fur vous un pouvoir légitime?

En effet dès que l'enfant voit la lumière, le père fe regarde comme fon défenfeur & fon ami. Il entoure fon berceau; il foutient fa foibleffe; il devine fes befoins. Quel autre comme lui s'intéreffe à fon fort.

CHAPITRE VIII.

RECONNOISSANCE.

,, Un homme n'oblige que parce-
,, qu'il fent du plaifirs à obliger. Quelle
,, bizarrerie d'imaginer que l'on doit fa-
,, voir gré à un homme qui eft fait &
,, organifé pour être libéral ! C'eft à
,, peu près comme fi je le remerciois quand
,, il va au bal, parce qu'il aime la danfe.
,, Sa folie eft vouloir obliger, ou c'eft
,, la vanité qui le fait agir ''.

Cette logique eft affez bonne ; effec-
tivement un homme ferviable contente
fa vanité ou fon plaifir. Dans le premier
cas, il faut en rire ; dans le fecond, il
eft payé ; d'où il faut conclurre qu'un
homme affez imbécile pour reconnoître

un fervice qu'on lui rend, eft fûr d'être
regardé par un Philofophe comme un
fauvage ou comme un fot. Bonne leçon
pour les protecteurs !

CHAPITRE IX.

LE BONHEUR.

„ LEs paſſions phyſiques ſont le ſeuls
„ plaiſirs réels. Quelle ardeur pour la
„ vertu ne peut point inſpirer le deſir
„ des femmes ! le culte de Venus &
„ d'Aſtarté eſt un objet digne de notre
„ adoration & capable de nous conſoler
„ du malheur d'être.

Si les paſſions phyſiques ſont les ſeuls
plaiſirs réels; Philoſophes voluptueux,
pourquoi ſacrifiez-vous les plaiſirs de vos
ſens aux jouiſſances de votre vanité, en
uſant par les traveaux de l'eſprit, ce corps
que vous idolâtrez? C'eſt donc un plaiſir
réel pour vous, de diffamer les lettres
par l'uſage que vous en faites, de corrompre les mœurs, & de calomnier la
religion.

„ Le bonheur eſt une fenſation agréa-
„ ble, un plaiſir, en un mot tout ce
„ qui peut flatter le corps... Il faut
„ fonger au corps avant de fonger à
„ l'âme, ... ne cultiver fon âme que
„ pour procurer plus de commodités à
„ fon corps (a).

„ La vraie philofophie n'admet qu'une
„ félicité temporelle; elle sème les fleurs
„ & les rofes fur fes pas, & nous ap-
„ prend à les cuellir (b).

„ Les hommes font fous, quand ils
„ fe font perfuadés qu'il étoit beau de
„ réfifter à l'amour, & honteux d'y fuc-
„ comber. Suivre fes defirs, c'eſt le feul
„ moyen de s'affranchir de leur impor-
„ tunité.

(a) La vie heureufe; pp. 6. 148.
(b) Livre de l'Efprit.

„ Quiconque eſt capable d'aimer eſt
„ vertueux; car toutes les vertus ſe tien-
„ nent par la main. Or la tendreſſe du
„ cœur en eſt une (c).

Arrêtons-nous à cette dernière ma-
xime; elle renferme une erreur déguiſée
ſous les apparences de la vérité. La ſenſibilité du cœur eſt moins une vertu,
qu'un moyen de devenir vertueux ou criminel; c'eſt une bonne épée entre les
mains d'un brigand ou dans celles d'un
héros: l'un s'en ſert pour le crime, &
l'autre pour ſauver ſa patrie. Une marâ-
tre cruelle, perſécute & fait gémir les
enfans d'un premier lit. Ce monſtre eſt
cependant ſenſible, & ſon injuſtice atroce
prend la ſource dans la tendreſſe aveugle
qu'elle a pour ſes propres enfans.

„ Dès que le vice rend l'homme heu-
„ reux, il faut aimer le vice.

(c) Des mœurs, p. 277.

,, La débauche eft criminelle en France
,, puifqu'elle bleffe les loix du pays ;
,, mais elle le feroit moins, fi les fem-
,, mes étoient communes, & les enfans
,, déclarés enfans de l'Etat (*d*).

Il faut conclure de ce petit Code de
volupté, que fi le concubinage & l'adul-
tère étoient permis, nous ferions beaucoup
plus honnêtes.

[*d*] Livre de l'Efprit.

CHAPITRE X.

LE REMORD.

S'Il faut en croire la plûpart de nos Philofophes, les préjugés de l'éducation attachent l'idée du mal à de certaines actions. Si l'homme néceffité par fa nature
à faire quelques unes de ces actions, eft
affez foible pour en concevoir de la
honte; cette honte s'appelle pudeur; s'il
s'en fait des reproches; ces reproches s'appellent remords. La Philofophie portée à
un degré de fupériorité, fait difparoître
ces fpectres réalifés par une éducation abfurde, & nous fait gouter fans trouble les
plaifirs des fens. Il réfulte de ces principes,
que l'homme parvenu au point de n'avoir
ni honte, ni remords, peut fe flatter d'ê-
tre un vrai Philofophe.

„ Par rapport à la félicité, le bien &
„ le mal font indifférens, & celui qui
„ aura une plus grande fatisfaction à faire
„ le mal, fera plus heureux que qui-
„ conque en aura moins à faire le
„ bien (a).

„ Le crime qui nous paroît le plus
„ affreux, devient louable & néceffaire,
„ lorfque le befoin du meilleur nous y
„ oblige (b).

„ Le remords eft au moins inutile au
„ genre humain : il furcharge des machines,
„ auffi à plaindre que mal réglées... Ce
„ n'eft pas tout d'étouffer les remords,
„ il faut que tu méprifes la vie... Car la
„ politique n'eft pas fi commode que no-
„ tre Philofophie; la juftice eft fa fille;
„ les gibets & les bourreaux font à fes

____

(a) Dif. fur la vie heureufe.
(b) Pyronifme du Sage.

„ ordres. Crains-les plus que ta confcience
„ & les Dieux (c).

Il n'appartient qu'à la Philofophie
moderne de femer des fleurs & des rofes
la route qui conduit aux derniers fup-
plices.

„ Si tu veux être heureux, tu n'as qu'à
„ étouffer les remords; ils font inutiles
„ avant le crime; ils ne fervent pas plus
„ après, que pendant qu'on le commet.
„ La bonne Philofophie fe deshonoreroit
„ en pure perte, en réalifant des fpectres,
„ en s'occupant de ces fâcheufes rémi-
„ nifcences, & en s'arrêtant à de vieux
„ préjugés (d).

En effet ce raifonnement eft fpécieux;
le remord eft pernicieux à celui qui l'é-
prouve, & plus qu'inutile à la fociété. Il

(c) Dif. fur la vie heur.
(d) Idem pp. 30. 63.

eſt inutile à la ſociété, puiſque le crime eſt fait, quand le remords s'élève...... Il eſt funeſte à celui qui l'éprouve, puiſqu'il n'eſt bon qu'à le troubler dans ſes plaiſirs. Voilà une vérité Philoſophiquement démontrée. Mais ſi le remords d'un premier crime empêche ſouvent un plus grand forfait ; ſi plus ſouvent encore le remords d'un crime projetté empêche de le conſommer, que devient cette démonſtration ?

„ C'eſt calomnier la Philoſophie que
„ d'imaginer qu'elle invite au crime, en
„ délivrant des remords ; elle invite ſeu-
„ lement au repos dans le crime.

A ces dernières paroles, le Livre tomba de mes mains ; malheureux ! m'écriai-je ; voilà donc les principes qui ont ſervi de baſe à mon éducation. Je rends grâces au Ciel des crimes que je n'ai pas commis.

Toute l'affemblée fe leva avec indignation; on fortit; le Vieillard pleuroit fur les maux de fa patrie, & chacun de nous s'en retournoit en filence.

TABLE

DES MATIERES

Contenue dans l'Extrait du Livre inti-
tulé, Esprit de nos Philosophes,
avec des Commentaires.

FIN DE LA TABLE.

www.ingramcontent.com/pod-product-compliance
Ingram Content Group UK Ltd.
Pitfield, Milton Keynes, MK11 3LW, UK
UKHW020135130726
13696UKWH00001B/360